白洲次郎
100の箴言《しんげん》

〝従順ならざる唯一の日本人〟が
贈る人生の楽しみ方――

第二次世界大戦では
参戦中に日本の敗戦を予見し、
食糧難を見越して
農地を買い取り農業に従事する。
戦後はＧＨＱと渡り合い日米交渉に奔走……。
日本独立のキーパーソンとなった
風の人、白洲次郎。
彼が、死の瞬間まで貫き続けた
〝プリンシプル〟とは何だったのか？
従順ならざる男から放たれるメッセー
現代を生きる我々に
〝人生〟の楽しみ方を語りかけてくれる
〝ブレない〟男が残した
１００の箴言《しんげん》を読み解いていく――。

笠倉出版社

目録

第3言 人柄……077

白洲次郎100の箴言

第1言

歴史

次郎の言葉
01

自分で考え行動せよ

吾々は戦争に負けたが、奴隷になったのではない。

（Although we were defeated in war, we didn't become slaves.）

GHQとの交渉役だった当時、口癖のように発した言葉

史上空前の権力を握った GHQに敢然と 立ち向かった男・白洲次郎

次郎は何より〝プリンシプル（原則）〟を大切にした。それは自分で考え、勇気をもって行動することだった。

昭和20年（1945）12月、次郎は、幣原喜重郎内閣の外相・吉田茂の要請で、終戦連絡中央事務局（終連）参与に就任する。終連とは、日本政府とGHQとの間の折衝を行なう役所であった。

戦争に敗れた日本は、アメリカの占領下にあった。自治権は取りあげられ、自主外交も認められていなかった。強権を発動するGHQを前に、為政者の多くはただ呆然とするばかり。卑屈な態度でGHQに擦り寄る者さえ続出した。そんな状況下でGHQの矢面に立った次郎は一歩も引かず、強気な交渉を展開。GHQに「従順ならざる唯一の日本人」と言わしめた。

次郎の言葉
02

権力者にも原則を通す

礼儀をわきまえぬものに贈り物を渡すことはできない。持ち帰らせていただく。

昭和20年のクリスマスに、マッカーサーに言ったとされる言葉

誰が相手でも態度を変えない言うべきことははっきり言う

第一生命相互ビルに置かれたGHQ本部。当時、最高司令官・マッカーサーに諫言できる日本人はいなかった。

昭和20年（1945）のクリスマスに、次郎は昭和天皇からのプレゼントをマッカーサーの部屋に持参した。ところが、机の上は贈り物で埋め尽くされていたため、マッカーサーは「そのあたりに置いてくれ」と床を指差した。すると次郎は怒りを露にし、「いやしくもかつての統治者から託された贈り物だ。それを床に置くことなどできるか！」と言い放った。マッカーサーは驚き、すぐに新しい机を用意させたという。

この逸話の真偽には諸説ある。ただ、当時の最高権力者・マッカーサーに対しても、次郎がプリンシプルを貫いたことは確かだ。

次郎の言葉
03

日本の末路を予言

まもなく日米が開戦する。必ず日本は敗北する。しかし、敗北経験のない日本は最後まで抗戦して、東京は焼け野原になるだろう。そうなると、食料がなくなるから、俺は田舎で農業をやる。

昭和18年頃、妻・正子をはじめ周囲の人々に語った言葉

貿易の実務をこなすなかで先見性と判断力を身につける

太平洋戦争敗戦後の東京。次郎の予想通り、都市部を標的とした無差別爆撃により、民間人は甚大な被害を受けた。

戦況が悪化する直前の昭和18年（1943）、次郎は41歳で職を辞し、東京郊外・鶴川村の〝武相荘《ぶあいそう》〟にひきこもる。日本軍の連戦連勝に国民が浮かれるのを傍目に、次郎は黙々と畑を耕しはじめた。

17歳でイギリスに留学した次郎は、ケンブリッジ大で学び、26歳で帰国。培った英語力を生かして、大学の同級生が営むセール・フレーザー商会の取締役や、日本水産株式会社で貿易の実務に就く。1年の半分以上を海外ですごし、海外の資本家たちと親密な関係を築いていった。国際情勢に対する分析力と判断力を養っていた次郎には、日本の末路が見えていたのだ。

次郎の言葉
04

頭下げても尻尾振らず

自分は必要以上にやっているんだ。占領軍の言いなりになったのではない、ということを国民に見せるために、あえて極端に行動しているんだ。

のちに首相となる大蔵省秘書官・宮澤喜一に語った言葉

収集した情報を巧みに活用しGHQ幹部を強制帰国させる

民政局のケーディス中佐。ニューディーラーの筆頭として日本の社会主義的な統制を目指し、手段を選ばなかった。
㊢近現代PL/アフロ

日本に進駐してきたGHQは、急速な民主化を断行した。ただ、その内実は、日本が二度と歯向かえないよう骨抜きにすることだった。事実、GHQには行政や法律の専門家だけでなく、理想を押しつけるニューディーラー（ニューディール政策信奉者）も多かった。

なかでも民政局のケーディス中佐は横暴な要求を繰り返した。そこで次郎は身辺調査を行ない、「昭和疑獄」への関与をつかむ。また、鳥尾子爵夫人とのスキャンダル写真を撮影し、強制帰国に持ち込んだ。次郎は日本国民に「屈辱をなめても筋は通す」ことを示すため、手を汚すことも厭わなかった。

次郎の言葉
05

生涯最大の負けいくさ

翻訳官のひとりに「シンボルって何というのや」と聞かれたから、私が彼のそばにあった英和辞典を引いて、この字引きには「象徴」と書いてある、と言ったのが、現在の憲法に「象徴」という字を使ってある所以である。

GHQの〝マッカーサー憲法〟に初めて目を通した際の言葉

次郎の言葉に はっきりと滲む 憲法改正をめぐる 日本側の無念

新憲法は昭和21年3月6日、日本政府による改正案という形式で公表された。実情を知る多くの議員が涙した。

ＧＨＱ進駐直後、日本に架せられた最大の課題が憲法改正だった。マッカーサーは当初、日本に主導権を与えたが、国際情勢の変化によって、ＧＨＱ主導へと舵を切る。一方、日本の改正案は、ＧＨＱの求める主権在民でなく、天皇親権論を踏襲した保守色の強いものだった。当然、ＧＨＱは突っぱねた。

次郎は冷静に情勢を分析し、日米双方の思惑を調整すべく尽力した。だが、最終的に「象徴天皇制」を掲げた〝マッカーサー草案〟を日本側が改正案として受け入れることに。占領国の強権的な押しつけに次郎は悔し涙を流し、手記に「今に見ていろ」と書いた。

次郎の言葉
06

ごまかしが一番の罪

この憲法は占領軍によって
強制されたものであると
明示すべきであった。
歴史上の事実を都合よく
ごまかしたところで何になる。

後年、新憲法が公表された頃のことを回想した言葉

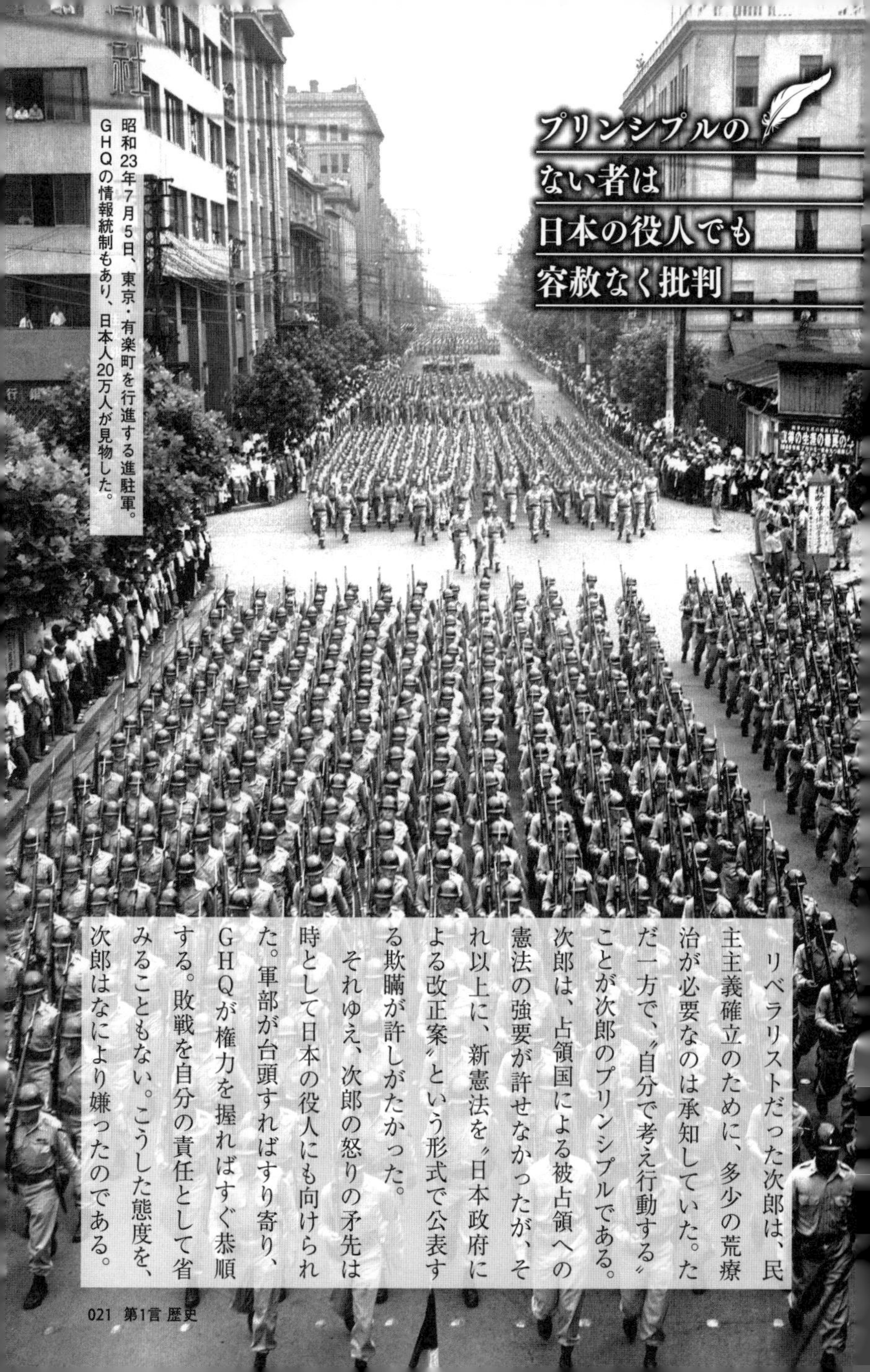

プリンシプルのない者は日本の役人でも容赦なく批判

昭和23年7月5日、東京・有楽町を行進する進駐軍。GHQの情報統制もあり、日本人20万人が見物した。

リベラリストだった次郎は、民主主義確立のために、多少の荒療治が必要なのは承知していた。ただ一方で、〝自分で考え行動する〟ことが次郎のプリンシプルである。次郎は、占領国による被占領への憲法の強要が許せなかったが、それ以上に、新憲法を〝日本政府による改正案〟という形式で公表する欺瞞が許しがたかった。

それゆえ、次郎の怒りの矛先は時として日本の役人にも向けられた。軍部が台頭すればすり寄り、GHQが権力を握ればすぐ恭順する。敗戦を自分の責任として省みることもない。こうした態度を、次郎はなにより嫌ったのである。

次郎の言葉
07

独立演説は日本語で！

なぜ祖国の言葉で語らないのか！

サンフランシスコ講和条約受諾の演説原稿を読んだ際の言葉

国際会議でも言うべきことは言う
英文原稿を直させた次郎の想い

昭和26年9月8日、首席全権の吉田が講和条約に調印。
吉田と共に戦ってきた次郎は感極まり、涙をこぼした。

昭和26年（1951）9月8日、吉田茂首相がサンフランシスコ講和条約に調印。日本はようやく独立国家に復帰した。この時、吉田は長さ30メートルにおよぶ巻紙原稿を手に、日本語で演説を行なった。世に言う〝吉田のトイレットペーパー〟である。実はこれは、次郎の指示によるものであった。

演説の2日前、吉田に請われて演説原稿に目を通した次郎は、激怒した。原稿が英文で書かれていたのだ。しかも、GHQに対する感謝の美辞麗句が並ぶ始末。次郎はすぐに書き直しを求め、懸案だった「奄美大島、琉球諸島、小笠原諸島の返還」を盛り込ませた。

次郎の言葉
08

日本が誇る最強コンビ

占領下の日本で、GHQに抵抗抵抗らしい抵抗をした日本人がいたとすれば、ただ2人——ひとりは吉田茂であり、もうひとりはこのぼくだ。

昭和50年に次郎が発表した『「占領秘話」を知り過ぎた男の回想』から

プリンシプルを共有する似たもの同士の吉田と次郎

第3次内閣を組閣直前の吉田。独立回復後、次郎は引退を勧めたが、吉田は固辞。泥沼の政争に巻き込まれていく。

占領期の日本で、圧倒的な権勢を誇るＧＨＱとの折衝にあたった吉田と次郎。２人の出会いは古い。吉田は大正９年（１９２０）から2年間、在英米大使館尽一等書記官としてロンドンに駐在しており、イギリス留学中の次郎と知り合ったとされる。

その後、日本が軍事色を強めて対外膨張を続けるなか、英米寄りの吉田は一貫して軍部と対立。日独防共協定にも敢然と反対した。また、日米開戦に突き進むなか、憲兵隊に監視されながら開戦回避工作を続けた硬骨漢《こうこつかん》だった。そんな吉田の要請だったからこそ、次郎は戦後、鶴川村から中央政界に出向いたのである。

次郎の言葉

09

毎日毎日が決死の覚悟

毎日家を出るときは、もしかしたら今日は殺されるかもしれないが、日本の将来のために言うべきことだけは言おうと思っていた。

後年、娘・桂子の夫である牧山圭男氏に語った言葉

旧知の吉田に請われ「いざ鎌倉」武士のようにはせ参じた次郎

サンフランシスコ講和会議の歓迎夕食会で挨拶する吉田。かたわらには、ブレーンである次郎が控えている。

吉田は、次郎を政界に招くにあたり「君の語学力と鼻っ柱の強さで、占領軍と戦ってくれ」と肩を叩いた。とはいえ、占領期のGHQの権勢は天皇以上。政界では無名の存在だった次郎には、相当の勇気が必要だったはずだ。

次郎を突き動かしていたのは、英国で学んだ〝ノブレス・オブリージュ（noblesse oblige）〟だった。直訳すれば「位の高い者の責務」となる。日本的に解釈すると、武士が有事に「いざ、鎌倉！」とはせ参じるようなものだ。事実、妻・正子によれば、次郎は「今時めずらしく頑固で、直情一徹の士《さむらい》だった」という。

次郎の言葉
10

理想論より現実の利益

敗戦のあとで、
好むと好まざるとを問わず、
政策的には
左翼的にならなかったら、
この国の治安は
維持していけないというのが
僕の信念だったのです。

『昭和政治経済史への証言・下』（安藤良男編）での発言

次郎の人柄がにじみ出た率直な言葉

冷戦の緊張が高まると、アメリカは一転して再軍備を要求。日本は占領の長期化を避けるべく、昭和25年に警察予備隊を創設。

ＧＨＱ民政局のニューディーラーは、社会主義的な統制経済で戦後日本を運営しようとした。財閥解体を皮切りに、独占禁止法や過度経済力集中排除法が策定され、経済的な独占の制限や、公平な企業間競争の制度化が推進された。

「勤勉な日本人には競争の原理に基づく資本主義が最適」と考える次郎は、資本主義の権化アメリカから来たニューディーラーの矛盾を腹立たしく思っていた。だが次郎は、あえてＧＨＱの政策を利用。早期復興への道を開いていったのだ。早期復興という国民共通の利益のためなら、自分の主義主張は捨てる――それが次郎の信念だった。

次郎の言葉
11

日本は独立したか

再び独立国家に復帰したことの意義を、日本国民はもっと認識すべきだ。

被占領に慣れすぎた国民の〝占領呆け〟を危惧しての言葉

次郎は、日本の独立のために粉骨砕身の努力をした。ただ次郎は、「国際社会に認められるだけでは意味がない」と考えていた。国民ひとり一人が、自国のあり方を主体的に見つめなおす。それが次郎が思い描く〝本当の独立〟だった。

次郎は役人を含めた日本国民の〝占領呆け〟を危惧していた。事実、占領の苦渋より、占領軍に解放感を覚える人は多かった。役人も、なにかとGHQにお伺いを立てる者が大勢を占めていた。だからこそ、次郎は日本が独立国家に復帰して以降も、沖縄や北方領土の返還、米軍基地撤廃を主張し続けたのである。

独立国家に復帰して以降も領土の返還と基地撤廃を主張

サンフランシスコ講和条約の発効を祝う人々。一方で、米軍の日本駐留を認める日米安保条約も同時に発効された。

次郎の言葉
12

憲法9条の是非を問う

新憲法のプリンシプルは立派なものである……。(中略)……戦争放棄の条項など圧巻である。押し付けられようが、そうでなかろうが、いいものはいいと率直に受け入れるべきではないだろうか。

「プリンシプルのない日本」「諸君!」1969年9月号より

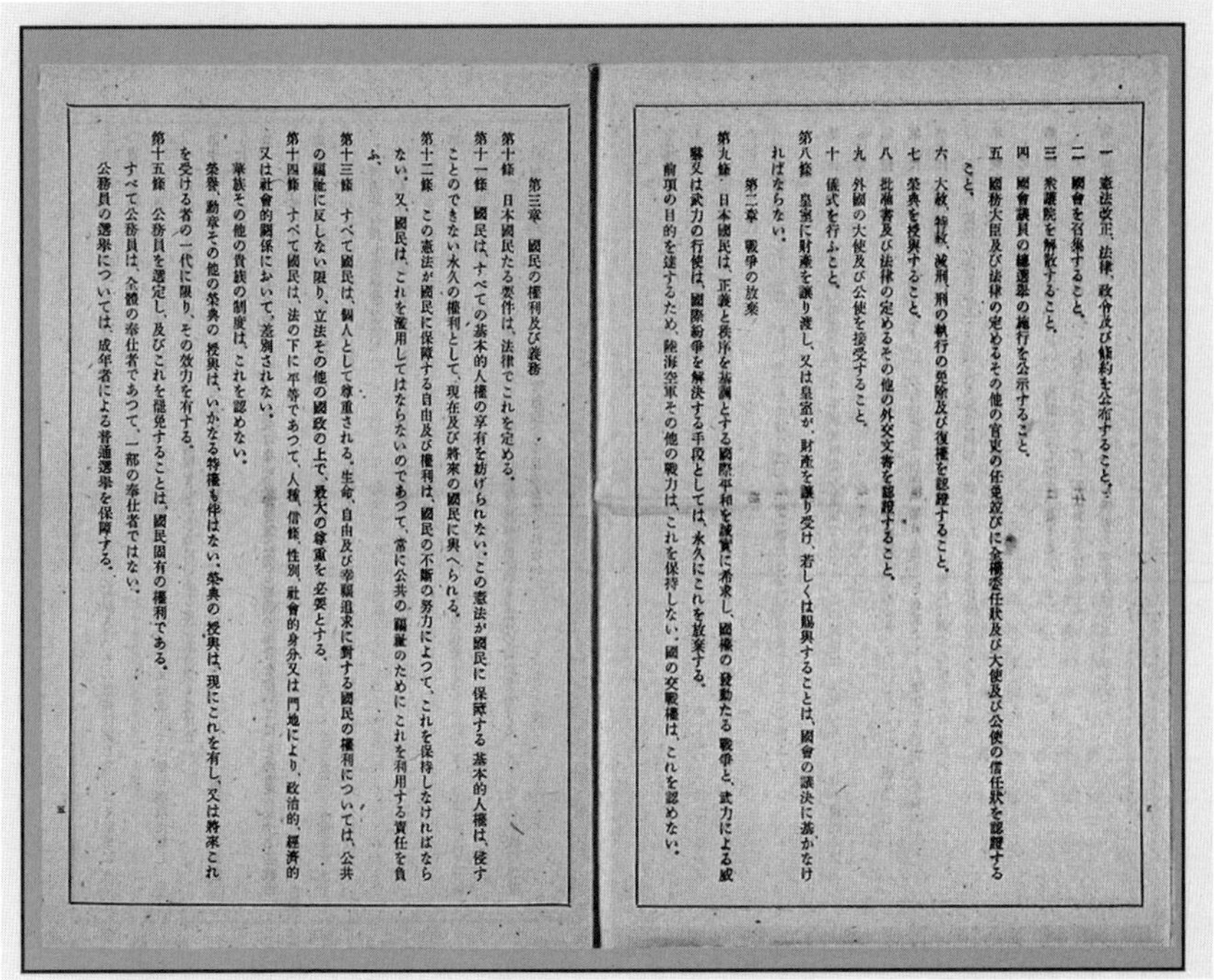

一　憲法改正、法律、政令及び條約を公布すること。
二　國會を召集すること。
三　衆議院を解散すること。
四　國會議員の總選擧の施行を公示すること。
五　國務大臣及び法律の定めるその他の官吏の任免竝びに全權委任狀及び大使及び公使の信任狀を認證すること。
六　大赦、特赦、減刑、刑の執行の免除及び復權を認證すること。
七　榮典を授與すること。
八　批准書及び法律の定めるその他の外交文書を認證すること。
九　外國の大使及び公使を接受すること。
十　儀式を行ふこと。
第八條　皇室に財產を讓り渡し、又は皇室が、財產を讓り受け、若しくは賜與することは、國會の議決に基かなければならない。

第二章　戰爭の放棄

第九條　日本國民は、正義と秩序を基調とする國際平和を誠實に希求し、國權の發動たる戰爭と、武力による威嚇又は武力の行使は、國際紛爭を解決する手段としては、永久にこれを放棄する。
前項の目的を達するため、陸海空軍その他の戰力は、これを保持しない。國の交戰權は、これを認めない。

第三章　國民の權利及び義務

第十條　日本國民たる要件は、法律でこれを定める。
第十一條　國民は、すべての基本的人權の享有を妨げられない。この憲法が國民に保障する基本的人權は、侵すことのできない永久の權利として、現在及び將來の國民に與へられる。
第十二條　この憲法が國民に保障する自由及び權利は、國民の不斷の努力によつて、これを保持しなければならない。又、國民は、これを濫用してはならないのであつて、常に公共の福祉のためにこれを利用する責任を負ふ。
第十三條　すべて國民は、個人として尊重される。生命、自由及び幸福追求に對する國民の權利については、公共の福祉に反しない限り、立法その他の國政の上で、最大の尊重を必要とする。
第十四條　すべて國民は、法の下に平等であつて、人種、信條、性別、社會的身分又は門地により、政治的、經濟的又は社會的關係において、差別されない。
華族その他の貴族の制度は、これを認めない。
榮譽、勳章その他の榮典の授與は、いかなる特權も伴はない。榮典の授與は、現にこれを有し、又は將來これを受ける者の一代に限り、その效力を有する。
第十五條　公務員を選定し、及びこれを罷免することは、國民固有の權利である。
すべて公務員は、全體の奉仕者であつて、一部の奉仕者ではない。
公務員の選擧については、成年者による普通選擧を保障する。

次郎が称賛する「戦争の放棄」を掲げた日本国憲法第9条。現在もその是非を問う議論は尽きない。

新憲法の立案で苦汁を舐めても「いいものはいい」と率直に称賛

マッカーサーは当初、近衛文麿に新憲法の草案を作らせた。しかし、近衛が選任した憲法学者・佐々木惣一博士は慎重を期し、作業は遅々として進まない。アメリカの情勢を正確に分析していた次郎は、早々に近衛排除の指令が下る可能性を察知し、危惧していた。事実、マッカーサーは近衛を切り捨て、戦犯に指名。近衛は自死した。

次郎は日本水産時代に近衛の知遇を得ていた。おそらく、畏友の死を断腸の思いで受けとめたことだろう。だが一方で、次郎は新憲法の「戦争放棄の条項」を率直に称賛する。それが、次郎のプリンシプル（筋を通すこと）なのだ。

次郎の言葉
13

次郎の思う戦後の終焉

私は、〝戦後〟というものは一寸やそっとで消失するものだとは思わない。我々が現在声高らかに唱えている新憲法もデモクラシーも、我々のほんとの自分のものになっているとは思わない。それが本当に心の底から自分のものになった時において、はじめて戦後は終わったと自己満足してもよかろう。

「プリンシプルのない日本」「諸君！」1969年9月号より

プリンシプルなき日本には戦後の終わりは訪れない!?

昭和20年8月15日、昭和天皇の「玉音放送」によって、国民は終戦を知る。この日から〝戦後〟が始まった。

独立国家への復帰をはたした日本は、急速な経済復興を遂げていった。その結果、昭和31年（1956）の『経済白書』の結語で「もはや戦後ではない」と謳われるに至る。これは前年の国民総生産が戦前の水準を超えたからである。

だが次郎は、こうした世論に頑強に異を唱え「戦後はそう簡単には消失しない」と説いた。次郎にとって戦後の終わりは、国民ひとりひとりがプリンシプル（自分で考え、筋を通す）を持つことを意味した。プリンシプルが備わらなければ、いかに経済が発展しようが、戦後は続いている——次郎は、生涯にわたってそう主張した。

次郎の言葉
14

戦争責任のとり方

吾々の時代にこの馬鹿な戦争をして、元も子もなくした責任をもっと痛烈に感じようではないか。日本の経済は根本的の立て直しを要求しているのだと思う。恐らく吾々の余生の間には、大した好い日も見ずに終わるだろう。それ程事態は深刻で、前途は茨の道である。然し吾々が招いたこの失敗を、何分の一かでも取り返して吾々の孫に引き継ぐべき責任と義務を私は感じる。

『頬冠りをやめろ』「文藝春秋」1953年6月号より

鋭い先見性で 復興の鍵を見抜き 行動でもって 戦争の責任をとる

昭和21年、満州から引き揚げてきた戦災孤児たち。戦災孤児や混血児問題などの福祉対策は、日米双方の懸案だった。

次郎は、日本の戦後復興には、「経済の根本的の立て直し」が不可欠だと考えた。そして、その鍵となるのは「輸出の振興」や「電力の確保」だといち早く見抜く。

昭和23年（1948）、第二次吉田内閣の貿易庁長官に任命された次郎は、輸出振興のために貿易省を解体。通商産業省を発足させる立役者となる。また、昭和26年（1951）には東北電力会長に就任。電気事業再編成に辣腕を振るった。これらの難事業に、次郎はプリンシプルをもって敢然と立ち向かった。これが、未来の子どもたちに対する、次郎なりの戦争責任のとり方だったのだろう。

次郎の言葉
15

安保問題に提言する

税金が増えて、吾々の生活がよりぐっと苦しくなっても、なお外国の軍隊を国内に駐留させるよりもいいというのが国民の総意ならば、安保など解消すべし。

「諸君!」1969年9月号に寄せたエッセイにより

安保条約をめぐる議論にもプリンシプルの不在を指摘

占領期、進駐軍の兵士と共に交通整理をする日本人。主権回復後も安保条約により米兵は駐留しているが……。

日本が独立国家に復帰した際、占領軍としての米軍はなくすが、駐留は継続する安保条約も調印された。ただ、在日米軍の駐留や基地提供を明記する一方、米軍に日本防衛義務はなく、双務的な条約ではなかった。以降、この問題をめぐる左右両陣営の血みどろの争いは、戦後最大の懸案となった。

次郎はこの問題に対しても、プリンシプルの不在を指摘する。なぜ国民に、安保を廃止して自前で防衛した場合の費用を明示しないのか。具体的な数字を説明し、そのうえで国民の総意を問えばいいではないか、と。シンプルだが、思わずハッとする提言だ。

次郎の言葉

16

憲法へのこだわり

独立して十年もたった今、現行憲法のどこを直そうかではなく、日本人の誇りを持って、自分たちの手でふさわしいものを一から作るべきだ。

後年、娘・桂子の夫である牧山圭男氏に語った言葉

次郎の死後に発見された極秘印の「憲法改正案要項」

妻・正子は、「ゲンコツはいつも権力者や強い者に向けられていて、弱い者いじめをしたことは一度もない」と語る。
㊢毎日新聞社／アフロ

昭和30年（1955）、保守合同によって自民党が誕生すると、憲法改正の是非が問われだす。次郎は、強要された憲法でも、「戦争の放棄」を謳う第9条は称賛した。一方で、次郎はプリンシプルを大事にする男。独立国家である以上は、オリジナルの憲法を国民の意志で作るべきだと考えたに違いない。

事実、次郎は生前、敗戦処理をめぐる大量の極秘資料を焼却処分していたが、死後、金庫の奥から遺品が発見された。それは「極秘」の印が押された「憲法改正案要項」だった。人生最大の負けいくさに、こだわり続けていたのだろう。

Column 次郎の最愛の妻・正子の言葉1

日本を知らず文化を語るなかれ

文化は発達しすぎると軟弱に流れ、人間は自然から遠ざかると病的になる。

自然を愛し、独自の感性を育んだ才人

次郎の妻・正子は、骨董や古典文学を愛する才人だった。小林秀雄や青山二郎ら文化人と交流し、美術評論など多数の著作を発表した。ただ正子は、カルチャーセンターなどで茶道や華道、能など、日本の伝統文化が簡単に学べるとする風潮を危惧した。かたちだけを教わっても、その基礎にある精神を知らなければ元も子もない。日本文化は自然が中心にあり、四季折々の風土のなかで育まれた。それを学ばずして日本文化は理解できない——それが正子の考えだった。

白洲次郎100の箴言

第2言

仕事

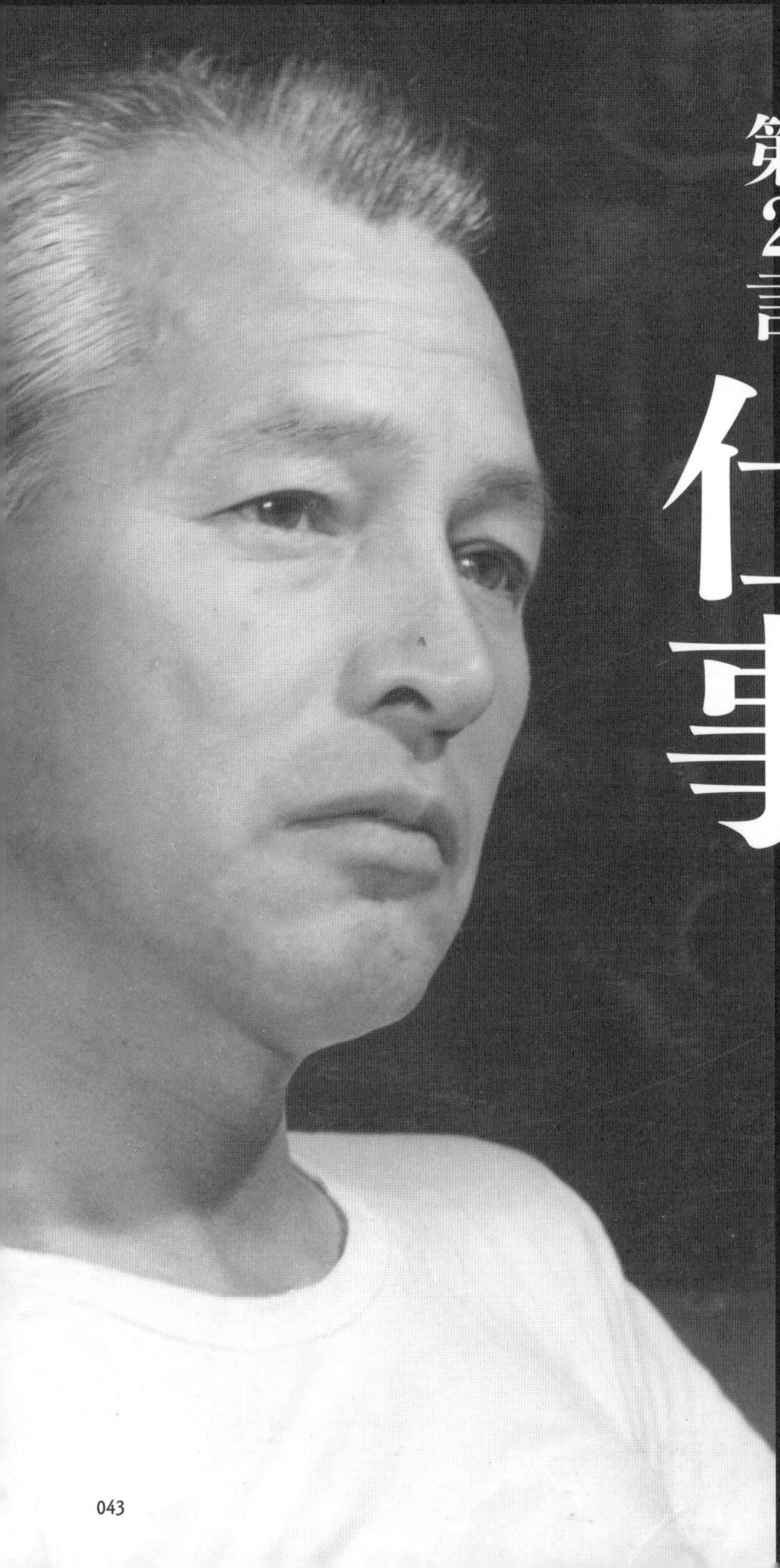

次郎の言葉

17

言葉遣いを大切にせよ

すみませんというのは駄目だ。SAY THANK YOU!

『武相荘のひとりごと（白洲次郎・正子の娘が語る）』より

平等・公平な態度は
言葉遣いから
日常生活でも
プリンシプルを貫く

青年期にイギリスに留学、ケンブリッジ大学に学び、教養を養う傍らでジェントルマンシップを身につけた。

日本人はしばしば、自分に親切にしてくれた人に対して「すみません」と言う。次郎は違った。お店のレジやホテルのドアマンなど、日々接する人々に対して必ず「ありがとう」と言った。

これは、次郎がイギリス留学で学んだ流儀だった。次郎によれば、イギリスの身分の高い人々は、使用人である小作人やメイド、執事に対して、必ず〝ミスター〟〝ミセス〟と呼びかけるのだという。そうすることで、自然と上下のない対等な関係が生まれるのだ。次郎は、日常の言葉遣いひとつにも、プリンシプルを貫こうとしたのである。

次郎の言葉
18

勇気を持ち発言せよ

今の日本の若い人に、一番足りないのは勇気だ。「そういう事を言ったら損する」って事ばかり考えている。

後年、言うべきことが言えない若者を危惧しての提言

外野の罵詈雑言など気にしない勇気を持って原則を貫いた次郎

日本の新聞も、突如として政界に現れ、吉田茂の側近となった次郎を訝り〝ラスプーチン〟〝昭和の田沼意次〟などと罵詈雑言を書きたてた。㊢読売新聞／アフロ

次郎は生涯にわたって「誰に対しても言うべきことは言う」という態度を貫いた。例えば、次郎はＧＨＱに「指示は文書化してほしい」と要求している。公的な記録がなければ、あとで問題が発生した場合、責任の所在が曖昧になるからだ。そんな次郎をＧＨＱは煙たがり、〝こそこそ動くうなぎ〟などと揶揄した。

だが、次郎は外野の騒音を気にすることなく、仕事をまっとうした。日本人は〝空気を読む〟ことに長けており、他人と衝突して波風を立てることを避ける傾向がある。ただ、問題が発生した場合、責任の所在が曖昧になってしまうことも多い。時には次郎のように、勇気を持って原則を貫く必要があるのかもしれない。

次郎の言葉
19

経営者の心がまえ

いいか、地位が上がればあがるほど、役得ではなく、役損だぞ。よく覚えておけ。働くものはいつも上を見ている。公私の区別をはっきりするんだぞ。

犬丸一郎氏が帝国ホテルの社長に就任する際の言葉

地位があがるほど気配りが必要 新社長に対するはなむけの言葉

犬丸一郎氏は、昭和24年に帝国ホテル入社。清掃係、客室係を経て米国に留学。昭和61年に社長に就任。㊢読売新聞／アフロ

帝国ホテル社長を務めた犬丸徹三氏の長男・一郎は、次郎とは親しい間柄。一郎によれば、次郎の話を「ごもっとも」と素直に聞いていると、次第に不機嫌になったという。次郎は、自分自身の意見を持たない人間を、なにより嫌っていた。逆に、意見の相違をはっきり伝えると、上機嫌になった。

一郎が帝国ホテルの社長に就任する際、次郎は経営者としての心がまえを説いた。立場が上になればなるほど、下の者に気配りをせねばならない。社会的地位を笠に着て、自分の要求を押し通してはならない。新社長に対する、次郎なりのはなむけの言葉だった。

次郎の言葉
20

次郎の経営哲学

このごろ、経済界で、合理化々々と盛んに、云ってるけど、今の経営者に非常に大事なことは、何よりも先ず心構えを変えることだ。

「文藝春秋」1951年9月号に寄せたエッセイより

大きな経営目標を達成するには現場の人間を大切にするべし

昭和26年（１９５１）5月、次郎は東北電力の会長に就任する。戦争中、電気事業は2つの国策会社が一手に担っていた。ＧＨＱが寡占企業の解体を指示すると、次郎は、国策会社を解体し、分割民営化することを決定。自ら電気事業再編に乗り出したのである。

　早急の課題は、戦後復興のために、いかに大規模な電源開発をなしとげるかであった。この難事業に、次郎はプリンシプルをもって立ち向かう。東京の執務室を飛び出すと、ヘルメットにサングラス、足元は長靴といういでたちで、多くの時間を現場ですごした。現場のことを知らずして、経営者など務まらない――それが次郎の信念だった。

　だからこそ、次郎は現場の労働者をなにより大切にした。夜はしばしば酒を酌み交わし、ひとりひとりを労った。打ち上げがある際は、役員を上座から追いたて、自ら酌をして回る。降雪中に鉄塔に登った際に安全確保をしやすいよう、作業服は真っ赤なつなぎにした。株主総会では、すべての壇を取り払うよう指示し、会社側と株主席を同じ高さにした。

　次郎の下で仕事をした社員は後年、「白洲さんに、初めてデモクラシーというものを教えてもらった」と語っている。

次郎の言葉
21

物づくりの心がまえ

（かけがえのない）
“No Substitute”
車を目指せ。

2代目ソアラ開発に際し、トヨタの開発責任者に語った言葉

車好きで知られる次郎ならではの大胆にして繊細なアドバイス

2代目ソアラ。先代のスタイルを継承しつつ、曲線美を取り入れた。コピーは「世界にひとつ、日本にソアラ」。昭和61年1月に発売されると、約5年間で30万台以上を売りあげる大ヒット作となった。

次郎の車好きは有名だ。綿の貿易商として大成功していた父・文平のはからいで、次郎は中学時代から、ペイジ・グレンブルックを愛車にしていた。留学中もブガッティやベントレーを乗り回し〝オイリー・ボーイ〟の異名をとった。

そんな車遍歴を聞きおよんだトヨタの開発エンジニアは、ソアラをモデルチェンジする際、次郎にアドバイスを求めた。次郎は当時乗っていたポルシェを気前よく渡し、「かけがえのない車を目指せ！」と背中を押した。そして、ハンドルの回転半径やバッテリーの容量など、細かなアイデアを手紙に書いて送ったという。

次郎の言葉
22

排除せず受けいれよ

お偉方諸氏もみんな一度は若かったのだ。昔の若かった時代のことを思い出して見て下さい。

「文藝春秋」1952年11月号に寄せたエッセイより

正義を求める若者を排除せずきちんと向き合う度量を求める

1950年代に入って日本の戦後復興が進むと、全学連をはじめ左翼運動が隆盛。講和・安保批准に反対するデモが頻発しだす。GHQによる占領が解除されて3日後の昭和27年（1952）5月1日には、警察予備隊に反対するデモ隊約6千人と警察部隊が皇居前で衝突。流血沙汰に発展した。これを知った次郎は激怒し、「経営者の小児病を笑う」と題したエッセイを発表。「自分も二十歳位の時にはカール・マルクスを耽読した」と明かしたうえで、以下のように語っている。

「彼等の思想がお気に召さないのなら尚更、会社に採用してやって、その思想というか、その性根を叩き直してやるという位の気概と親切を持ってこれ等青年に対処して貰いたいと願う」。

若者は純粋なだけに、正義を求めて直情的な行動に走りがちだ。ならば、経営者は眉をしかめて排除するのでなく、自分の若かりし頃を思い出し、広い度量で受けいれてみてはどうか。次郎の時代以上に、現代は若者と中高年のジェネレーションギャップが広がっているように思われる。

仕事を通じて人生の機微を学べば、やがて地に足が着くさ——次郎はそう提言したのではないだろうか。

次郎の言葉
23

農業は創造だ

農民の生活の向上を叫びたい人は、農民の生活がどんなものかと体験してからにしてもらいたい。

1954年11月18日付「日本経済新聞」より

農業を体験したからこそ感じた素直な想い

昭和21年頃の東京・日本橋。食糧不足に陥っていたため、道路の中央分離帯までもが麦畑や菜園に変わった。

日本の敗戦をいち早く予見した次郎は、昭和18年（1943）、41歳で貿易関係の要職から退き、鶴川村に住まいを移して、農業生活に入った。村人に農業を一から教わると、毎日、ジーパン姿で懸命に土を耕し、ほどなく百姓仕事をマスターする。その過程で農業の奥深さを知っていった次郎は、後年のインタビューで「尊敬する人物は？」と聞かれ、こう答えた。

「『農林一号（水稲）』を初めて作った人、並河成資《なみかわなりすけ》さんといったかな。あの人なんかもエライと思うね。クリエート（創造）したんだもの。ああいう人に文化勲章をやったらいい」。

次郎の言葉
24

先駆者は損をする

現代をあんまり早く掴み過ぎた奴は、いつでも不幸になっちゃうんだ。ちょっとばかり早く掴んだ奴が、非常な成功児になるんだ

1950年に河上徹太郎、今日出海との座談会で語った言葉

明治の硬骨漢・原敬と白洲次郎 時代に早んじすぎた改革者の不幸

次郎は政党政治を確立した原敬を敬愛していたが、一方で「時代に先んじすぎると不幸になる」と語った。原は、爵位の受け取りを固辞し続け〝平民宰相〟と呼ばれた。日本を平和的な産業国家にすべく、さまざまな改革を断行していったが、軍縮に反対する軍部や言うことを聞かない官僚と対立。大正10年（1921）、東京駅で暴漢に暗殺された。

次郎は、原に自分を重ねていたのだろう。次郎は戦前、対米戦回避を模索した吉田茂と足並みを揃え、戦争を拒絶した。日本が戦争に敗れて焦土と化すと、食料の緊急輸入、公職追放、財閥解体、治安防衛関係、新憲法制定など、戦後処理に尽力した。一説によれば、次郎が手がけなかった戦後処理はほとんどないという。

しかし、マスコミ嫌いだった次郎は自分の功績を語らなかった。それゆえ、新聞記者のあいだで悪評が立ち、〝昭和の黒幕〟〝売国奴〟などと書きたてられた。国民もまた、次郎の仕事を知る機会がなかった。実際、マスコミに先に登場したのは、美術評論家だった正子のほうだった。次郎は当初〝白洲正子の夫〟として、メディアに取り上げられたのだ。次郎もまた時代に先んじすぎた男だったのである――。

次郎の言葉
25

権力より国を思え

熱意だよ。日本でも明治維新の時の政治家とか実業家は、熱意があったからあれだけの仕事が出来たんだね。

1950年に河上徹太郎、今日出海との座談会で語った言葉

地方から中央政界に目を光らせ〝戦後の龍馬〟と称された次郎

薩長同盟や大政奉還を成しとげた明治維新の立役者、坂本龍馬。軍国主義ではなく貿易立国を目指した点も次郎と同じ。

次郎が鶴川に引き籠ったのは、疎開や食料の確保だけが目的ではなかった。次郎には別の意図があった。それは、イギリスで学んだ〝カントリー・ジェントルマン〟という生き方である。

カントリー・ジェントルマンとは、地方に住みながら毎日、情報収集を怠らず、中央政治に目を光らせる存在だ。晴耕雨読の生活を送りつつ、ひとたびことが起これば中央に駆けつけ、難事業に身を投じるのである。権力には恬淡としているが、国難には一命を賭して立ち向かう——。次郎は〝戦後の龍馬〟と称されるが、ぴったりな評言ではないだろうか。

次郎の言葉
26

対立を恐れない

議論したければ、
議論すればいいんだ。ところが、
痛烈なことを言うと恨むんだね。
人の前で恥をかかしたって。
面子面子って言うけど、
8月15日以来、日本人に
面子なんてあるかっていうんだ。

1950年に河上徹太郎、今日出海との座談会で語った言葉

GHQから食糧を引き出した次郎のみごとな先制パンチ

議論好きの次郎には、初対面の人にいきなり噛みついて、その反応で人間力を試す悪癖があった。親交のあった美術評論家・青山二郎は、〝メトロのライオン〟と評した。青山いわく、「メトロ・ゴールドウィン社の映画の冒頭、トレードマークのライオンがいきなり現れてウォー、ウォーと吠える。あれと同じだ」。

ただ、GHQとの交渉ではこの悪癖が大いに力を発揮した。昭和21年（1946）5月に吉田内閣が誕生したが、組閣中に〝食糧メーデー〟と呼ばれる大規模なデモが起こった。戦災と人手不足が極端な食糧難を招いたのだ。次郎はすぐにGHQに掛け合い、「一千万人も餓死者が出たら、占領政策は失敗だと世界から指弾を受けますよ」と迫った。

見事な先制パンチにGHQは慌て、「どれぐらい必要か」と尋ねた。次郎たち日本側は「450万トン必要だ」と返答したが、じつは70万トンの輸入で事足りた。マッカーサーは「450万トンと言ったではないか」と怒ったが、吉田は「日本の統計がしっかりしていたら、そもそも無謀な戦争なんてやりませんよ」と返した。さすがのマッカーサーも笑うしかなかったという（北康利『レジェンド　白洲次郎』）。

次郎の言葉
27

生活すべてが教育である

昔の塾は塾生が塾長より ものを教わること以外に、塾長の私生活に日夜ふれて その影響を享けたことが 甚大であったに違いない。

次郎の著作『プリンシプルのない日本』より

日本に絶望し田舎に隠棲した次郎心の支えとなった吉田茂の存在

次郎が念頭に置いていた吉田松陰。松下村塾を主宰して身分関係なく塾生を受け入れ、多くの人材を育てた。

日本の敗戦を予見して鶴川村に引き籠った次郎は、英米との国力差を見ようとしない軍部や役人に絶望していた。そんな次郎の心の支えとなったのが、軍部にニラまれながらも、頑強に反戦活動を続ける吉田茂の存在だった。

吉田は江戸っ子で口が悪く、それいでいて温かい硬骨漢だったから、次郎とはウマが合った。貿易商時代、次郎は海外出張のたびロンドン大使館に赴任中の吉田を訪ね、「バカヤロー」「コンチクショー」と言い合いながらビリヤードに熱中した。軍靴の音が高まるなか、2人の怒りがどこに向けられていたかは明らかだった。

次郎の言葉
28

嫌われても筋は通せ

良い人といわれる人とは付き合うな。きっと嘘をついているに違いない。

晩年、娘・桂子の夫である牧山圭男氏に語った言葉

占領国の者でも公正な態度は評価

憲法が改正されてGHQの民主化政策がひと段落し、財政経済顧問ジョセフ・ドッジが主導した緊縮財政によって経済が安定してくると、次郎は講和条約の締結に向けて動き出す。昭和25年（1950）4月25日には、吉田茂首相の特使として池田勇人蔵相、宮澤喜一蔵相秘書官と共に渡米し、アメリカ側との交渉を開始。独立国家への復帰が現実味を帯びてきた。

そこに立ちはだかったのが、講和条約作成のアメリカ側の立役者、ダレス国務長官顧問だった。ダレスは調印までに3度来日し、「日本は32万人の兵力を保有して再軍備せよ」と主張。これを拒否した日本側との間で、丁々発止の議論が交わされる。最終的には、妥協案として将来の〝保安隊創設〟を約束して合意に至った。ただ、次郎はダレスの強硬な姿勢に手を焼きながらも、こう評している。

「『戦争に負けたのだからぐずぐずするな』、これですよ。ああいう人が一方的に推進したから講和条約ができたということもあるでしょうけどもね」。

次郎は、占領国の人間であっても公正な態度はきちんと評価した。逆に、安易に慣例を盲信する者は、日本人であろうが「嘘つきだ」と批判した。次郎は、常に原点に返って筋を通したのだ。

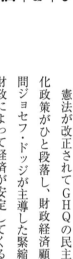

次郎の言葉
29

紳士道と武士道

プリンシプルとは何と訳したらよいか知らない。原則とでもいうのか。……西洋人とつき合うには、すべての言動にプリンシプルがはっきりしていることは絶対に必要である。日本も明治維新前までの武士階級等は、総ての言動は本能的にプリンシプルによらなければならないという教育を徹底的にたたき込まれたものらしい。

「諸君！」１９６９年9月号に寄せたエッセイより

幕末の薩摩藩士たち。〝郷中教育〟という子弟制度で武士道が伝えられた薩摩藩は人材の宝庫。明治維新の立役者を数多く輩出した。

英国の紳士道と日本の武士道 異なる伝統には共通項があった

次郎は17歳でイギリスに留学し、ケンブリッジ大学で学んだ。当時、ケンブリッジの教授は授業前、学生に「ジェントルマン」と呼びかけた。次郎のプリンシプルは、この〝Ｂｅ ｇｅｎｔｌｅｍａｎ（紳士たれ）〟に由来するのだ。では、なぜこれが武士と結びつくのか――。

明治33年（１９００）に『武士道』を英語で上梓した新渡戸稲造は、「武士はきっちりした道徳にもとづいて筋の通った行動をした、心清い戦士であった」と説いた。おそらく次郎は、紳士道を学んだことで、武士道を再発見したのだろう。これらに共通するのは、道徳に基づき筋を通す態度なのだ。

次郎の言葉
30

信じたらすべて任せる

私は前から主張している様に真の友好関係はお互い裸になって付き合うにあらずんば生れてこない。

「文藝春秋」1956年12月号に寄せたエッセイより

力を認めれば
間者にも
ハラを割る

戦後、日本は驚異的な速度で経済復興を遂げた。その大きな要因となったのが、輸出振興を担う通商産業省（通産省）だった。そして、この通産省創設という難事業をやってのけたのが、次郎だった。

昭和23年（1948）12月、次郎は第二次吉田内閣のもとで商工省の外局である貿易庁長官に就く。早急の課題は、商工省を改組することだ。だが、役所は余人が手を出せない伏魔殿。巨大組織の全員を相手に戦うのは、さすがに荷が重い。そこで次郎は、商工省の永山時雄に目をつける。

実は永山は、次郎の腹を探るために送り込まれていた。そんな永山に、次郎はのっけから「占領下で機能不全の外務省も、軍需省の流れを汲む商工省も潰す！」と吼えた。驚く永山に対し、次郎は「貿易立国のため、新しく貿易省を作る！」とたたみ掛ける。次郎のむき出しの熱意に感銘を受けた永山は、手足となって働く決意をした。見事な先制パンチだった。

次郎はさらに、永山を貿易庁の貿易課長に大抜擢。要点を押さえると、法律や組織編制は永山に一任。昭和24年（1949）2月8日、通商産業省（仮称）設置が閣議決定される。永山が貿易課長に就任してから、わずか1週間のできごとだった。

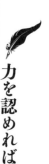

次郎の言葉
31

他人におもねるな

人に好かれようと思って仕事をするな。むしろ半分の人には嫌われるように積極的に努力しないと良い仕事はできない。

青柳恵介著『風の男　白洲次郎』（新潮社）より

すべての社会人に聞いて欲しい言葉

次郎はどんな時でもどんな相手でも顔色を窺うようなことはしなかった。わかっていてもなかなかそれを実行することは難しいが……。㊢毎日新聞社／アフロ

商工省の改組と通商産業省の創設は、役所という巨大組織と、いち個人である次郎の戦いだった。次郎が商工省の外局である貿易庁長官に就任すると、商工省や貿易庁からは「われわれを潰す気だ」と懸念の声があがった。宰相・吉田茂の側近だったとはいえ、次郎は無名の門外漢である。役人から憎悪を向けられるのは必至だった。

だが、次郎は敢然と難事業に立ち向かった。軍事力を放棄した日本の復興は、経済外交の推進しかないという信念があったからだ。他人の顔色を窺っていては、真っ当な仕事などできない――それが次郎の考えだった。

次郎の言葉
32

公私混同をするなかれ

君と僕の間は、個人的な関係にとどめておこうよ。

娘・桂子の夫である牧山圭男氏に語った言葉

あまりの潔癖ぶりに周囲も驚く

次郎の愛娘・桂子の夫である圭男が、外車のセールスマンからセゾングループの外商部員に転職して半年経ったある日のこと。圭男は、次郎が顧問をしていた関係で知り合った大洋漁業の秘書課長を訪ねた。顧客の新規開拓に情熱を燃やすあまり、次郎に無断で営業に臨んだのだ。しかし、運悪く大洋漁業のオフィスで次郎と鉢合わせてしまい、ピシリと釘を刺された。娘婿であっても、公私混同は許さなかった。

もちろん次郎自身も、決して公私混同はしなかった。ゴルフ場に行くときは社用車は使わず、必ず自分の車を使った。東北電力の会長時代、正子と連れ立って出張する場合は、交通費から宿泊費に至るまで全て個人負担した。労働組合の幹部会食する際は、たとえ食事が用意されていても、社員寮は使用しない。「寮は社員の厚生や慰安に使うところだ」というのが次郎の考えだった。

ただ、あまりに潔癖であったため、ときに周囲を驚かせることにもなる。東北電力の出張から帰る際、福島駅に到着した次郎を県知事が迎え、駅長室で歓待しようとしたことがあった。しかし、次郎はかたくなに拒み、上着を肩に引っ掛けて風のように立ち去り、一般客に混じって乗車したという。

Column 次郎の最愛の妻・正子の言葉2

好きなことに邁進すべし

何でも良いから一つ、好きなことに集中して井戸を掘りなさいよ。そうすればそのうち、地下水脈に辿り着くの。そうすると色んなことが見えてくるのよ。

娘婿に語った心に沁みる名言

武相荘には正子の職業柄、骨董商や文化人、メディアの取材、出版社の編集者がよく訪れた。正子は、こうした人々と闊達な議論を交わした。それに引け目を感じた娘婿の圭男はある日、正子に「教養がなくて恥ずかしいので、すこし勉強します」と言った。そこで正子が語った言葉である。人間にはそれぞれ天分がある。無理して他人に合わせるより、好きなことを掘り下げなさい。あなた自身の天分が花開き、世界の見え方が変わるから――正子はそう諭したのだ。

白洲次郎100の箴言

第3言

人柄

次郎の言葉
33

情熱的な愛の言葉

Masa: You are the fountain of my inspiration and the climax of my ideals. Jon

（正子：貴方は私の霊感の泉であり理想の女性の中の究極な人だ。ジョン《（次郎）》）

次郎が、交際中の正子に送ったポートレートに添えた言葉

正子と交わした美しき愛言葉

Masa: You are the fountain of my inspiration and the climax of my ideals.
Jon

27歳の次郎。長身にスラリと伸びた手足、端正なマスクは、まさに〝日本一カッコいい男〟の称号に相応しい。

昭和3年（1928）、父・文平の事業が傾き、イギリスから帰国を余儀なくされた次郎は、樺山丑《かばやまちょう》二《じ》を通して正子と出会う。丑二は正子の実兄であり、樺山家は元薩摩藩出身で爵位を持つ名家。正子のまわりには、身分の高い婚約者候補が大勢いた。

だが、当時19歳だった正子は、長身で端麗な顔立ちの27歳の青年、白洲次郎と恋に落ちた。パーティーで出会った2人は、互いに一目惚れ。30分後には会場を抜け出した。交際中、次郎は正子に英語で書いたラブレターを頻繁に送った。次郎は非常にモテたが、もはや正子のことしか見えなくなっていた。

次郎の言葉

34

花嫁の父を説きふせる

人様にしかられたくらいで引込むような心臓は、持ち合わせがない。

次郎の著作『プリンシプルのない日本』より抜粋

〝ライオン〟も正子には形無し？名高いカップルの清い蜜月時代

次郎は戦後処理を終えてからも、雑誌にエッセイを発表し、日本に警鐘を鳴らし続けた。経済的な復興は果たされても、日本人が変わらない以上は、次郎にとっての戦後は終わっていなかったのだ。舌鋒鋭いエッセイには批判もあったが、強心臓の持ち主である次郎は意に介さなかった。

ただ、そんな次郎も、正子との恋だけは勝手が違ったようだ。威勢のいい暴れん坊で通っていた次郎は、おくゆかしい紳士に変貌。正子と、清く正しい交際を続けた。それだけ本気だったのだろう。正子は後年、こう回想している。

「デートを重ねたわけですが、当時はもっぱら活動写真を見にいくことが多かったです。ふたりとも〝グレタ・ガルボ〟が好きだった。デートといってもせいぜいキスするぐらい。あのころはいまみたいに〝婚前交渉〟なんて、とんでもなかったから。お行儀のいい紳士でございました」（「対座」2000年10月号）。

こうして次郎は、出会いから半年後にプロポーズ。正子の父・愛輔は当初、2人の結婚には乗り気でなかったが、次郎は結論ありきで話を進める。そこを正子が「一緒になれなかったら家出します」と押し切り、晴れてゴールインしたのだった。

次郎の言葉

35

結婚話は結論ありき

お嬢さんを頂きます。

次郎が、正子の父・愛輔に初めて挨拶した際の言葉

花嫁の父に対する最初の挨拶で得意の先制パンチを華麗に決める

正子の父、樺山愛輔は貴族院議員を務めた。祖父の資紀は薩摩藩出身の伯爵で、警視総監や海軍大臣を歴任した。

お互いに一目惚れした次郎と正子。正子は「次郎のものおじしないところが魅力に映った」という。正子の父・愛輔に結婚の承諾を得る際にも、次郎はまったく物怖じせず、正面からぶつかっていった。

次郎は、愛輔に挨拶に行くと、初対面にもかかわらず「お嬢さんを頂きます」と宣言した。「ください」と頭を下げるのではなく、最初から結論ありきで話を進めたのである。

愛輔は困惑した。白洲家の事業が傾いていることを知っていたからだ。しかし、そこを正子が熱烈に押し切り、愛輔はしぶしぶ結婚を承諾したのだった。

次郎の言葉
36

愛娘には普通の父親

英国じゃ、
娘の亭主のことを
〝Seven Years Enemy《（7年の敵）》〟
というんだ。

愛娘・桂子と婚約中であった牧山圭男氏に語った言葉

嫁に行く愛娘・桂子を惜しんで……

慣例の盲信や虚飾を嫌い〝ライオン〟にたとえられた次郎も、愛娘・桂子に対してはごく普通の父親の顔を見せた。次郎は常々、結婚に対するプリンシプルだとして「ぼくは子どもたちの結婚には、一切反対しないことにしているんだ」と語っていた。しかし、桂子と牧山圭男氏の縁談が進むと一転、反対行動をとる。

当時、牧山氏はヤナセでドイツ車のセールスマンをしていたが、次郎は桂子に「セールスマンはジェントルマンじゃないという言葉があるぞ」と吹き込んだ。牧山氏に対しては、「英国じゃ、娘の亭主のことを〝Ｓｅｖｅｎ Ｙｅａｒｓ Ｅｎｅｍｙ（７年の敵）〟というんだ」と語ったというが、実はこんな言葉はないらしい。当時のことを、桂子はこう語る。

「父は虎視眈々と破談のチャンスを狙っていたようですが、その機会はとうとう訪れず、赤坂のレストランで小さな披露宴を催すこととなりました。父は事あるごとに口を出し、私を困らせました。また、嫌になったらいつでも帰ってこいと言って、母に大目玉をくらっていました」（『次郎と正子』）

ＧＨＱ相手に一歩も引かなかった次郎も、娘の結婚を止めることはできず、大いに肩を落としたのだった――。

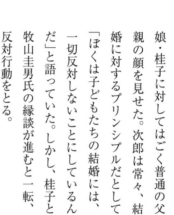

次郎の言葉
37

農業は趣味に非ず

みんな笑って本気にとってくれないが、俺は自分のことを農民のひとりだと思ってるんだ。実際、政府も俺のことを兼業農家と認めている。

1954年11月18日付「日本経済新聞」より

農業に従事は道楽じゃない――物事はとことん追求する

機械好きの次郎は、戦後になるといち早く外国製の耕運機や芝刈り機を入手。ひとり悦に入っていたという。

昭和17年（1942）、次郎は東京郊外・鶴川村の茅葺き屋根の農家を農地ごと購入。この農家は、武蔵と相模の中間にあったこと、次郎自身の性格をもじって〝武相荘〟と名づけられた。

貿易商から農民に転じたことを、周囲はたんなる道楽だと見なしていた。だが、次郎は毎日、汗まみれになってクワを振るい、農業をマスター。友人宅に時折、新聞紙でくるんだ野菜を投げ込み、供出さえした。秩父宮が静養していた御殿場の別邸に、石釜を築いたこともあった。一度「こう」と決めたら、とことん邁進するのが次郎の流儀だった。

次郎の言葉
38

ゴルフでも紳士たれ

PLAY FAST。

晩年、軽井沢ゴルフクラブの理事長を務めていた頃の口癖

ゴルフだけでなく常にジェントルマンであれという次郎の教え

次郎はサッカー、ラグビー、スキー、野球など、さまざまなスポーツを愛した。晩年になってからは、とりわけゴルフに力を注いだ。軽井沢には白洲家の別荘があり、「屈指の名門クラブ」と呼び声高い軽井沢ゴルフクラブに足繁く通った。80歳の時には、理事長に就任する熱の入れようであった。ゴルフはまさに、次郎の生活の一部であった。

次郎と昵懇《じっこん》の仲だった宰相・吉田茂は「うるさ型」で知られていたが、次郎もまた、ゴルフクラブでは「うるさ型」で通っていた。次郎自身は、75歳をすぎてシングルをキープできなくなると、プレイはきっぱりやめていた。それでも「PLAY　FAST（早くプレイしろ）」と文字が描かれたTシャツを着用し、頻繁にゴルフクラブを訪れ、マナーを守らない者の管理指導に精を出したのであった。

運営もほかの理事に任せきりにすることはなく、芝の手入れから従業員の生活にいたるまで、事細かに気を配った。次郎が理想とするのは英国風のゴルフクラブであり、たえずスムーズなゲーム進行がなされるよう努力した。武相荘や軽井沢ゴルフクラブでは、今なお「PLAY　FAST」と書かれたTシャツが販売されている。

次郎の言葉
39

皮肉の裏にあたたかさ

一生に一度でいいから一国の総理大臣に向かって、おい、お前！って言ってみたいんだよ。

白洲家だけで酒を酌み交わしていた際、娘夫婦に語った言葉

ブラックジョークに隠された次郎の予見性とあたたかさ

宮澤は大蔵官僚を経て池田勇人の秘書官となり、政界入り。大臣などを要職を歴任し、平成3年に総理となる。

次郎は〝政治家嫌い〟だったが、宮澤喜一とは親しく付き合った。昭和25年（1950）、サンフランシスコ講和条約の交渉に際し、共に渡米して以来の仲であった。

娘婿の牧山圭男氏によれば、ある時、家族だけで酒を飲んでいると、次郎がふいに「宮澤に一度総理をやらせてみたい」と言い出した。娘・桂子が「なんで宮澤さんがそんなにいいのよ」と聞き返すと、次郎は「一国の総理に向かって『オイお前』って言ってみたいだけさ」と答えたという。

後年、宮澤は総理になったが、次郎は「オイお前」と呼びかける前に亡くなった。

次郎の言葉
40

愚痴は言わない

自分の良心はきれいだと思ってるから、人が何を言おうと平気なんだ。

1950年に河上徹太郎、今日出海との座談会で語った言葉

黒幕は白洲だ！周囲からの非難の声をものともせずに自分を貫いた

戦後、本格的に講和に乗り出した吉田茂首相は昭和25年（1950）5月、交渉のため池田勇人蔵相を渡米させる。その際、宮澤喜一蔵相秘書官と、吉田の側近であった次郎が同行した。

一行の表向きの目的は〝財政・金融問題〟の協議だったが、真の目的である講和問題の協議は極秘にされていた。

交渉の事実も内容もしばらくは公表されなかったため、野党は「秘密外交だ」と批判した。だが吉田は、外交はみだりに情報を漏らしてはならない、という信念を貫いたのだった。

GHQとの交渉も同様に、事前に情報が漏れては仕損じる。そこで吉田と次郎は、水面下での交渉を続けていた。こうした姿勢を、新聞は「密室政治」だと非難した。ことに側近の次郎は〝黒幕〟扱いされ、罵詈雑言を書きたてられた。しかし次郎は、愚痴は一切、語らなかった。

そして、戦後処理を終えると、権力に汲々とすることなく、さっさと鶴川村に戻ってしまった。

「大衆は、時間をかけたら、キット真実を知る。ボクはそう確信してる」（『寧ろやりたい百姓……』）

この言葉通り、戦後70年が経過した現在、次郎の功績は国民の多くが知るところとなっている。

次郎の言葉
41

美酒へのこだわり

氷を入れるのは邪道だ。

友人たちとウイスキーを嗜む際によく語っていた言葉

親友・ロビンから送られたスコッチ
伝説の『ブラックボトル』を愛飲

次郎の『ブラックボトル』は半ば伝説。映画監督の大島渚は「これを超える一品に出会ったことがない」と語る。

酒をこよなく愛した次郎。なかでもこだわったのがウイスキーだった。次郎は、ケンブリッジ時代からの親友・ロビンから送られた『ブラックボトル』を愛飲していた。スコットランドの酒造所から樽ごと買い取り、屋敷で数年間寝かせた逸品だった。

　このころ、ウイスキーは水割りで飲むのが主流だったが、次郎はストレートで嗜んだ。水で割っても、氷は入れないのがイギリスの流儀だという。気温が高くないイギリスでは、氷を入れる必要がない。それに、氷を入れると味が変わってしまう。次郎はあくまでも〝正道〟にこだわっていたのだ。

次郎の言葉
42

ひとり娘を溺愛する

素人の女が男に酌なんかするな。俺だけには特別に許す。

次郎が愛娘・桂子に常々語っていたという言葉

ひとり娘を溺愛
従順ならざる男も子どもの前では普通の男

次郎と正子は二男一女をもうけた。ただ、次郎はことさらにひとり娘の桂子を可愛がった。正子が桂子を妊娠した際、医師から「出産は無理だ」と告げられた。しかし正子は「こんどは絶対に女の子だから」と主張し、出産に踏み切る。そんな経緯で生まれた愛娘が、可愛くないはずがなかった。

次郎と桂子には心温まるエピソードが多いが、なかでも幼い桂子が、腹痛で寝ていた時の逸話は胸を打つ。ふと目覚めると、食卓の鉢に山盛りのかぼちゃが出されていた。すると次郎は「こんな食事を見せたらかわいそうじゃないか！」と怒鳴り、片付けさせた。かぼちゃは、桂子の大好物だったのだ。次郎は桂子を抱きかかえると、茅葺きの納屋にかけられた梯子のてっぺんまでのぼった。眼下に、鶴川村の景色が一望できた。

「こんな景色が見られるのだから、がぼちゃのことなど忘れてしまえ」

次郎にそう言われ、桂子は「かぼちゃより景色のほうがいいんだ」と納得した。桂子の夫である牧山圭男氏によれば、夫婦で晩酌をする際、桂子にお酌をされたことはほとんどないという。桂子は次郎の教え（？）を守っているのだそうだ。GHQに「従順ならざる唯一の日本人」と言わしめた男も、愛娘の前では一介の父親であった。

次郎の言葉
43

英国流の着こなし

女に男のものがわかるわけがない。

身だしなみに一家言あった次郎が口癖のように語った言葉

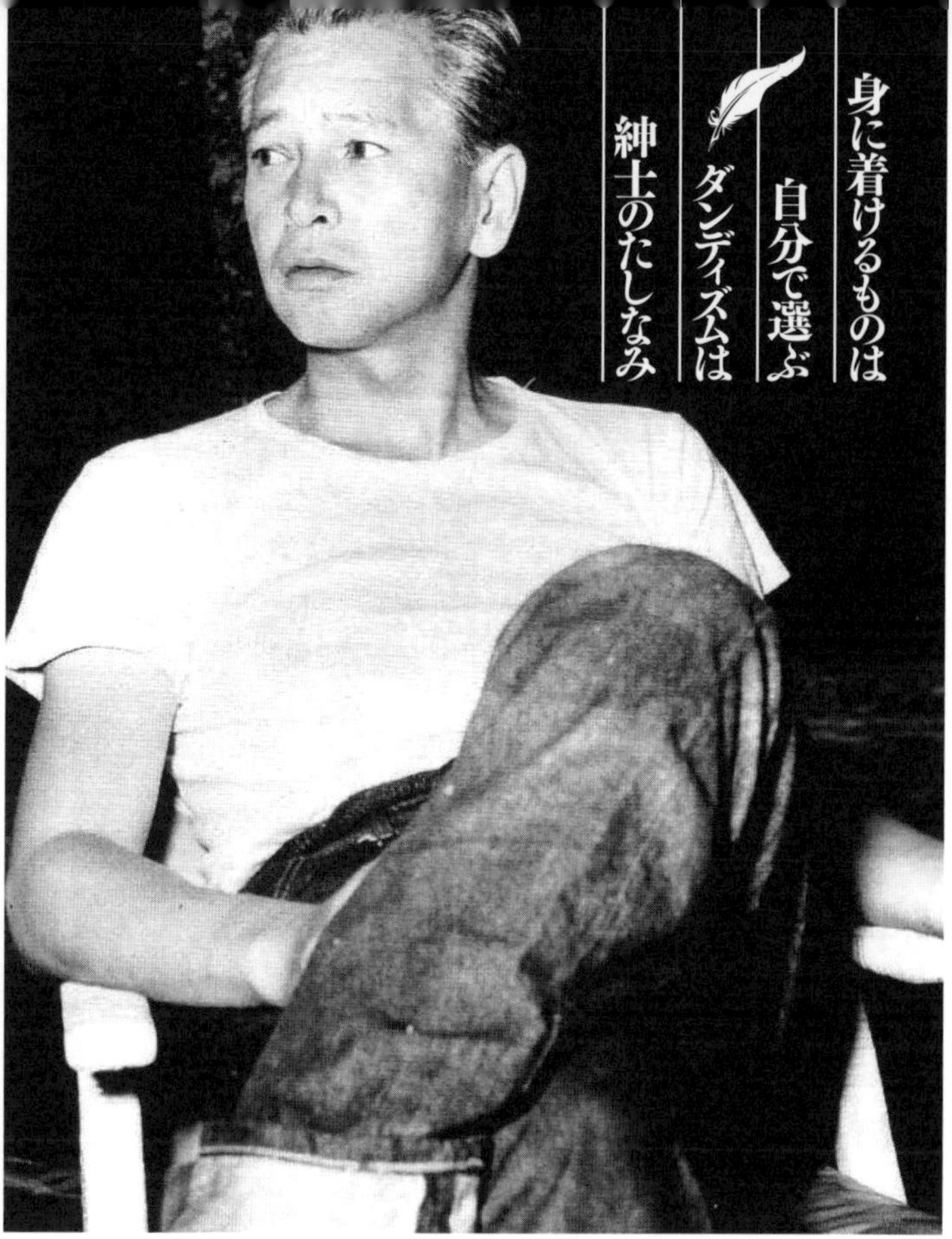

身に着けるものは自分で選ぶ　ダンディズムは紳士のたしなみ

「日本で最初にジーンズを履いた男」と言われている次郎。独特のダンディズムに魅了されるファンは今なお多い。


次郎はイギリス仕込みのダンディズムの人であった。身に着けるものは全て自分で選び、ネクタイ1本に至るまで妻任せにはしない。正子によれば、腕時計はロレックス・オイスター、ライターはダンヒル、オーデコロンとスーツもイギリス製を愛用していたという。

ただ、これはブランド志向とは違う。イギリスのジェントルマンは、祖父や父の使っていた着古しを尊び、継承する。丁寧に仕上げられた製品は、何十年経っても古びることがない。

次郎のダンディズムは、こうしたクラフトマンシップに裏打ちされていたのだ。

次郎の言葉
44

文化にも独自の哲学

ご馳走様は俺に言え。

家族でレストランに行った際によく口にした言葉

食に対しても自分の考えを貫く店を甘やかさないのが次郎流

次郎には、食に関しても独自のプリンシプルがあった。娘婿・牧山圭男氏の著作『白洲家の日々』（新潮社）によれば、次郎は常々、「店を甘やかしてはダメだ」と語っていたという。

次郎夫婦と長男夫婦、圭男と桂子夫婦が、日本を代表する企業家宅でのディナーに招かれたときのこと。このディナーは、白洲家のほかにも要人が数組訪れ、高名な料理人が目の前で料理を作るという趣向であった。ところが、ホストの企業家が「今から××先生に本日のレシピの説明をしていただきます」と口上を述べると、すかさず正子が遮った。

「そんなのいらないわよ、聞いたらせっかくの料理がまずくなる」

すると次郎も「そりゃそうだ」と応じた。圭男氏は「あの時ほど次郎と正子の息がぴったり合ったのを、その後は見たことがない」と記している。

かつて相撲取りや芸人、料理人には〝旦那〟がついていた。旦那は援助もするが、同時に芸事の水準を厳しく監督する。次郎と正子は、そうした伝統が廃れ、必要以上にありがたがる風潮を懸念していたのだろう。だからこそ、レストランに対してでなく「ご馳走様は俺に言え」となる。これが「店を甘やかさない」理由なのだ。

次郎の言葉
45

見返りは求めない

俺は天皇のために働いたのではない。国民のために働いたんだ。

日本が独立回復後、叙勲を辞退した際に家族に語った言葉

大仕事のあと叙勲を辞退した次郎 その真意はなんだったのか——

次郎は昭和天皇を敬愛していたが、自分が働いたのは国民のためだとも言い続けた。

吉田全権団のひとりとしてサンフランシスコ講和会議に出席し、日本の独立回復を見届けた次郎。帰国後、全権団を労うため昭和天皇の茶会への招待状が届いた。しかし、次郎は丁重に出席を辞退した。その後、叙勲の話もあったが、次郎は「俺は国民のために働いたんだ」と辞退した。

次郎は昭和天皇個人を敬愛していたが、天皇の体制上の戦争責任については明言している。文芸評論家・小林秀雄と議論をすると必ず「僕の甥っ子も戦死した。『朕、戦い宣す』と言われたことの決着はまだついていない」と語り合ったという。

次郎の言葉
46

沈黙して語らず

僕は何も知らんよ。
知っていたとしても
何も喋らんよ。僕はねぇ、
口が堅いからここまで
生きてこられたんだ。

ある事件を秘かに解決した次郎を取材にきた記者への言葉

権謀術数飛び交う
現場を生き残るには
黙して語らずが
最高の処世術

終戦直後、旧知の間柄であった吉田茂に請われて終戦連絡中央事務局参与となり、戦後処理にあたった次郎。通産省立ちあげで共に仕事をした永山時雄によれば、食料の緊急輸入をはじめ、公職追放、財閥解体、新憲法の制定など、GHQによる一連の民主化政策で、次郎が関与しなかったものはほとんどないという。

しかしながら、次郎は自分の仕事について〝黙して語らず〟という態度を貫いた。中央政界に出向いても、要件を済ますと即座に鶴川村に帰る。新聞記者の取材には応じない。そのせいで記者に嫌われ、連日のように〝昭和のラスプーチン〟〝吉田の黒幕〟〝売国奴〟などと罵詈雑言を書き立てられても意に介さない。次郎は、政界の裏事情を知りすぎていた。〝黙して語らず〟は、ある意味で処世術だったのだろう。

晩年、次郎が自宅で家族とくつろいでいると、いきりなりベテランの記者が訪ねてきた。とある経済事件の解決のため、次郎が水面下で動いたとの情報を聞きつけ、取材にやってきたのだった。浴衣のまま記者と対面した次郎は、事も無げに「僕は知っていたとしてもなにも喋らんよ」と答えた。記者は「失礼しました」と頭を下げ、去っていったという。

次郎の言葉
47

秘密は墓場まで

やっぱりやめた。
所詮歴史というのは、
今生きている人が自分の都合の
良いように解釈して利用するものだ。
第一、俺が今しゃべったら、
困る人がまだ大勢生きている。

晩年、妻・正子に「体験記を出せば？」と言われた際の言葉

潔い引き際から垣間見える サムライ・白洲次郎の歴史観

次郎の著作は『プリンシプルのない日本』（新潮社）のみ。親族はそれぞれ、次郎との思い出を書き残している。

晩年、妻・正子が次郎に「後々の日本のために、次郎さんしか知らない体験を誰かに書き残させたら？」と提案した。次郎はちょっと考えたあと、「やっぱりやめた」と答えた。次郎が終連の参与だった当時は、公職追放の嵐が吹き荒れていた。それを逃れようと、多くの政治家や財界人が、次郎のもとに賄賂を持参した。もちろん、次郎はすべてつき返した。

次郎は死ぬ前に、戦後処理にあたった当時の関係書類はすべて燃やした。自己弁護も、アリバイめいたことも一切、語らなかった。人生の引き際にいたるまで、次郎はサムライのように潔かった。

次郎の言葉
48

次郎の人間観

（一番嫌いな人間のタイプは？ と聞かれて）
ウソをつく奴。
（尊敬する人物は？ と聞かれて）
『農林一号』を
はじめて作った人。

「週刊朝日」１９５１年11月18日号のインタビューより

鋭き人間観察
私心なく
誠に生きる
硬骨漢を敬う

次郎の人間観を一言であらわすと〝不誠実な人間とは付き合わない〟に尽きる。本音を隠し、自らの利害のためだけに動く者を「イヤシイ奴」と呼び、遠ざけた。逆に私心なく、公の利益のために動く硬骨漢とはとことん付き合う。そして、年齢や立場に関係なく大きな仕事を任せた。その最たる例が、通産省立ちあげの際に抜擢した、当時36歳の永山時雄であろう。

次郎が「イヤシイ奴」を遠ざけるようになったのは、戦後処理にあたっていたころの経験が影響しているのだろう。当時、次郎のもとには、GHQとの仲介を求める者がひっきりなしに訪れた。なかには、袖の下を使おうとする輩もいた。当然ながら、次郎はこういう者たちに応じることはない。「お引取りください！」と一喝するのが常だったという。

そもそも次郎が戦後処理を引き受けたのは、旧知の間柄である吉田茂の人間性に絶大な信を置いていたからだ。次郎によれば「一度は真っ平御免と断ったけど、最後は涙もろくて人の良い大好きな吉田のオジサンの頼みでは断れない、というのが唯一の理由で引き受けた」という。いちど気脈を通じたら、一身を賭してその者のために動く。それが白洲次郎という男なのである。

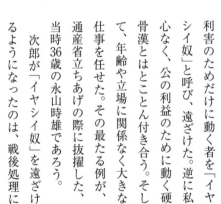

次郎の言葉
49

紳士同士の別れぎわ

ぐずぐずするな、行くぞ。

親友のロビンと別れる際、娘婿の牧山圭男氏にいった言葉

去りゆく友を無言で見送った次郎
娘婿が立ち会った「本当の別れ」

次郎はイギリスでブガッティとベントレーを購入。ロビンと連れ立ってヨーロッパをグランド・ツーリングした。

次郎はイギリス留学中、ロビンという無二の親友を得た。伯爵の称号を持つロビンはおとなしい性格の持ち主だったが、鼻っ柱の強い次郎と意気投合。次郎が日本に戻ってからも、終生、変わらぬ友情を保ち続けた。

晩年、次郎とロビンが久方ぶりに会った時のこと。別れ際に無言で手をあげた2人は、短くさよならを言い合った。そしてロビンは、次郎を一度も振り返らず、駅のプラットホームに消えていった。その数年後、ロビンは亡くなった。同行していた牧山圭男氏は「本当の別れとは、こういうものかと心に滲みた」と記している。

Column 次郎の最愛の妻・正子の言葉3

似たもの同士の白洲夫婦

私の馴染みの店に
来た時は値切っちゃダメ。
今度行った時に、
あの人は値切るから、
その分乗せておこうと
いうことになるだけよ。

次郎同様、
プリンシプルの人だった正子

正子が、自分が常連だった骨董店を友人と訪ねた際、値切りはじめた友人に対して言った言葉である。

美術評論家だった正子は美に対して妥協しなかったが、日常生活でも一切、妥協しない。鋭い観察眼で物事の本質を見抜き、常に「言うべきことは言う」という態度を貫いた。ふつうなら遠慮して言えないようなことも、必要とあらばズバッと言ってのける。その意味で、次郎と正子は似たもの夫婦なのであった。

白洲次郎100の箴言

第4言
機知

次郎の言葉
50

英国流のユーモア

その名刺を俺にも五、六枚まわしてくれよ。

自分の名刺が高値で取引されていると聞いて返した言葉

ウワサには ユーモアで応じる 懐のひろさが 次郎の本領

“ライオン”とあだ名され、恐れられる反面、親しい友人にはよく茶目っ気たっぷりなユーモアを披露した。

公務についていた当時、次郎にGHQとの仲介を頼む者が後を絶たなかった。しかし、次郎はそうした者を受け付けず、すべて追い返していた。そのため、次郎の名刺が高値で取引されているとの噂が飛び交うようになる。

そんなある時、吉田茂の腹心で、次郎と親しかった辰巳栄一が「今、白洲さんの名刺は1枚5万円するそうですね」と冗談交じりに水を向けた。すると次郎は笑って「じゃあ、その名刺を俺にも回してくれよ」とイギリス仕込みのユーモアで返した。こうした機知とユーモアは、次郎の最も得意とするところであった。

次郎の言葉
51

学歴より学問が大事

あの大学は
いい大学なんだよな。
だってあそこを
出ただけでは
何にもならないんだから。

長男・春正が東京藝術大学に合格した時に語った言葉

どこに入学したかではなく
そこで何ができるか
何をしたかが重要
自分自身との戦いだ！

長男の春正が東京藝術大学に合格したとの報を聞いた次郎は、よろこびに頬を緩ませながら、こう語った。ただ、大学自体を褒めるのではなく、「あそこを出ただけではなにもならない」と付け加えるところが、実に次郎らしいといえる。

　東京藝術大学は、国内最難関の美術大学として知られている。入試では実技が問われるため、二浪、三浪する者もザラだ。しかし、狭き門であるにもかかわらず、就職率は低い。会社組織に属すよりも、自分で美術の道を極めようと考える者が多いのだ。逆に、本人が努力して才能が開花しなければモノにならない。次郎の言うように、卒業しただけで将来の見通しがつく大学ではないのである。

　次郎がこう言ったのは理由がある。次郎は政界で「自分は一高卒だ」「自分は東大だ」と肩書きばかりをひけらかす役人にうんざりしていた。ことにプライドの高い外務官僚には辟易しており、「お前ら満足に英語もしゃべれねえじゃないか！」と皮肉っていたという。日本は学歴偏重社会だと言われる。学歴は過酷な受験競争を勝ち抜いた証だ。ただ、学歴と学問は似て非なるもの。人間に必要なのは学問のほうだよ――次郎はそう考えていたのだろう。

次郎の言葉
52

宿敵をやりこめる

あなたももう少し勉強すれば立派な英語になりますよ。

ＧＨＱ民政局のホイットニー局長に対して噛みついた際の言葉

犬猿の仲だった民政局局長に持ち前の機知で一矢報いた次郎

GHQ民政局のホイットニー局長。マッカーサーとは〝一心同体〟だったとされ、「元帥の国務長官」と呼ばれた。㊢近現代PL/アフロ

ＧＨＱ民政局のコートニー・ホイットニー局長が「あなたは本当に英語がお上手ですな」と言ってきた時、次郎がすかさず返した言葉である。

次郎が終連の参与だった当時、最も力を注いだのが民政局との折衝だった。なかでも犬猿の仲だったのがホイットニーである。ホイットニーは自他共に認めるマッカーサーの右腕として、〝民主化〟の名のもとに、不合理な要求を矢継ぎ早に日本に突きつけた。新憲法制定にあたって〝マッカーサー草案〟を日本側に押しつけた張本人でもある。次郎は持ち前の機知で一矢報いたのだ。

次郎の言葉
53

愛娘の身を心配する

上等なパリ生活を楽しんで来い。ただし国際結婚だけは断じてダメだ。バテレンと天気予報士も嘘をつくからダメだ。

ひとり娘・桂子がフランスに留学する際に伝えた言葉

心配で仕方がない
娘の旅立ち
ジョークを交えつつ
諫めるのが次郎流!?

次郎の愛娘・桂子は、20代前半の頃、パリに1年ほど留学していた。これは桂子が渡仏するにあたって、次郎が伝えた言葉である。

次郎自身は、17歳でイギリスに留学して以降、独自の道を歩んだ。戦前戦後の動乱期を生きたこともあるだろうが、その人生には、余人がおよばないスケール感がある。人生哲学やライフスタイル、日頃の言動まで、次郎ほど〝世俗的〟という言葉から遠い人はいない。

一方で次郎は、桂子の結婚に対しては〝世俗的〟な幸福を思い描いていた。娘の人生が安泰であることを願い、よく「誰と結婚しても反対してやる」と豪語した。つまり、ごく普通の父親だったのだ。「国際結婚はダメだ」という言葉も、愛娘の身を案じる老婆心から発されたことが窺える。

次郎のこうした態度は、孫に対しても同様だった。よく「東大に行け、そして役人か銀行員になれ」と語ったという。次郎は学歴や肩書きをひけらかす人種を嫌ったが、孫には安泰な人生を送ってほしかったのだろう。ただ、次郎がこういう発言におよぶと、横で聞いていた正子が「また次郎さん、いいかげんなこと言って。役人なんて絶対なっちゃだめよ」と言うのが常だったようである(牧山圭男著『白洲家の日々』)。

次郎の言葉
54

英国流のジョーク

これが本当のバードウォッチングだな。

軽井沢ゴルフクラブでプレーする中曽根康弘を見て言った言葉

中曽根康弘。内務省、海軍主計将校を経て、戦後に政界入り。昭和57年に総理となり、三公社民営化を断行した。

ゴルフ場でもプリンシプル！元総理だろうが特別扱いはせず

晩年、軽井沢ゴルフクラブの理事を務めていた次郎は、プレーする者がマナーを守るよう事細かに気を配っていた。そんなある日、プレーを楽しむ中曽根康弘を見て、次郎が言った言葉である。

中曽根が現職の総理だった時、ゴルフに護衛官を帯同させたい、との依頼がきたことがあった。だが、プレーをしない者の入場は原則として認められないので、クラブ側は断った。すると今度は、警護のSPがコースの外の道路から中曽根を双眼鏡で見張っている。そこで次郎は、中曽根のあだ名であった〝風見鶏〟に引っ掛けて、揶揄したのだった。

次郎の言葉
55

ダム建設に情熱を注ぐ

死んだらこれに〝俺の墓〟と彫るんだ。

東北電力会長時代、只見川柳津ダム建設現場の石を拾って

東北電力の会長としてダム開発に心血注ぐ！

東北電力会長に就任した次郎がぶつかった最大の難事業は、〝日本最大の電源〟と期待が寄せられていた只見川水系の開発であった。地理的な事情を考慮すると東北電力が開発を手がけるのが筋であったが、東京電力が古くから水利権を保有しており、それを盾にして「自分たちにこそ開発の権利がある」と主張していたのである。

両者が対立している間に、いたずらに時間がすぎてゆく。大規模な電源の確保こそが戦後復興には不可欠と考えていた次郎には、我慢がならなかった。そこで次郎は政治力を行使。昭和27年（1952）7月25日の閣議で、東電の主張する水利権を東北電力にうつすよう、超法規的措置が採られることが決定する。次郎はただちにダム建設に着手した。

ただ、ダム建設には大変な危険が伴う。多数の死者を出した黒部川第四ダムほどではなかったが、死傷者を出してしまった。次郎は現場で危険に身をさらす労働者を案じ、ダム建設によって故郷を離れねばならなくなった人々を思った。

その気持ちを表すべく、只見川ダムの建設現場で石を拾った際に、「これに〝俺の墓〟と彫る」と断言した。実現はしなかったが、次郎の想いが伝わる逸話だ。

次郎の言葉
56

総理にも原則を通す

田中？　田中とか伊藤とか犬の糞ほどあるけれど、どこの田中だ。

田中角栄の秘書が軽井沢ゴルフクラブに来た際に言った言葉

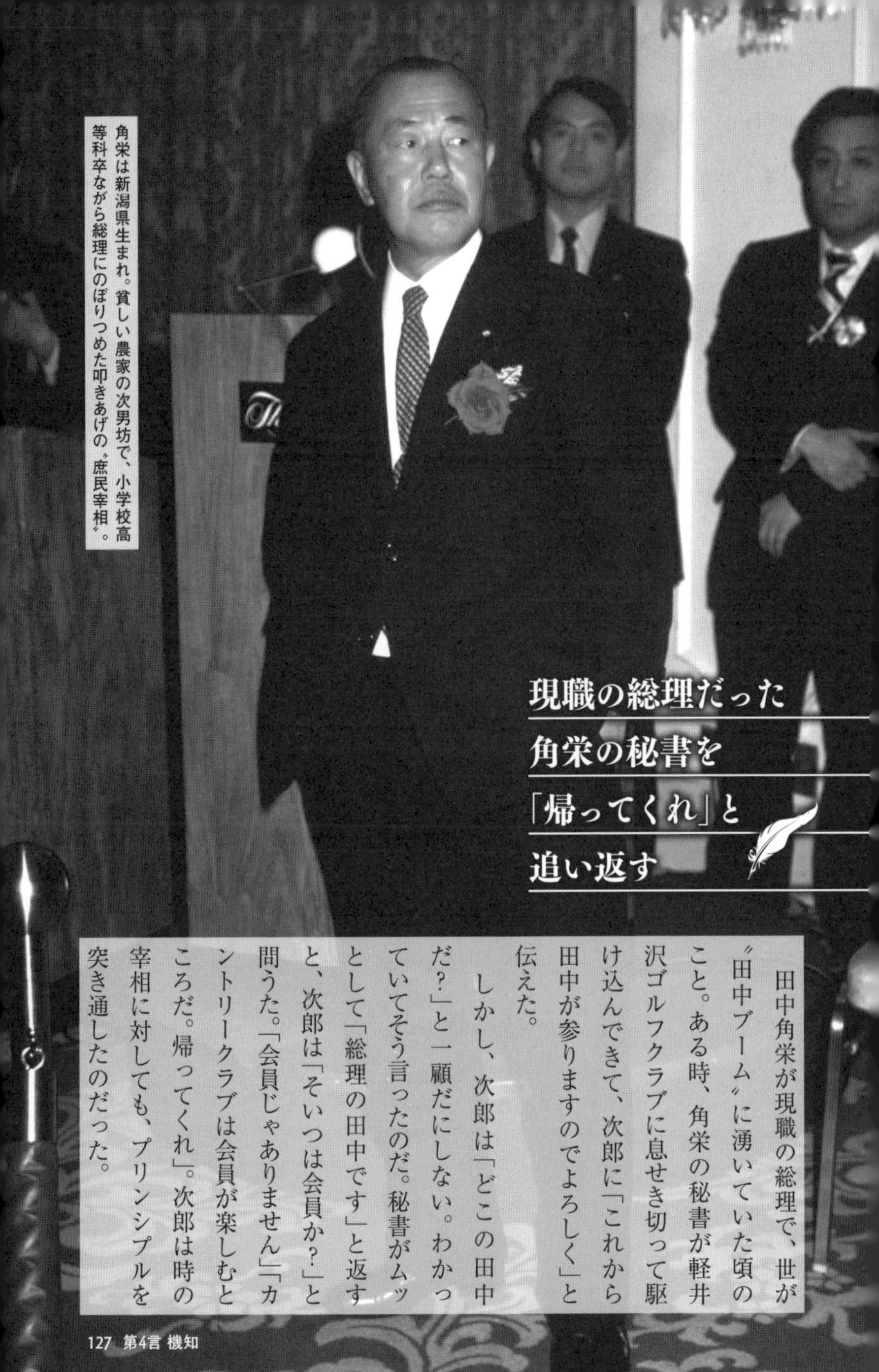

角栄は新潟県生まれ。貧しい農家の次男坊で、小学校高等科卒ながら総理にのぼりつめた叩きあげの〝庶民宰相〟。

現職の総理だった角栄の秘書を「帰ってくれ」と追い返す

田中角栄が現職の総理で、世が〝田中ブーム〟に湧いていた頃のこと。ある時、角栄の秘書が軽井沢ゴルフクラブに息せき切って駆け込んできて、次郎に「これから田中が参りますのでよろしく」と伝えた。

しかし、次郎は「どこの田中だ?」と一顧だにしない。わかっていてそう言ったのだ。秘書がムッとして「総理の田中です」と返すと、次郎は「そいつは会員か?」と問うた。「会員じゃありません」「カントリークラブは会員が楽しむところだ。帰ってくれ」。次郎は時の宰相に対しても、プリンシプルを突き通したのだった。

次郎の言葉
57

最後まで自分らしく

右利きです。でも夜は左。

看護師に利き腕を聞かれた際の言葉（〝左利き〟は酒飲みの隠語）

紳士たるもの死の寸前までジョークの心を忘れない

次郎には異名が多いが、なかでもその人柄をよく表すのが〝風の男〟だろう（青柳恵介著『風の男白洲次郎』）。紛争の場に颯爽と現れて、ズバッと本質を突いた提言をすると、さっさと去っていく。こうした次郎のあり方は、人生の最後まで一貫していた。

死の直前、最後の京都旅行に出かけた次郎は、馴染みのお茶屋に立ち寄った。帰り際、女将がまた近いうちに来るようにと声をかけると、「先にお迎えが来るよ」と答えた。東京に帰った日の夜、次郎はかなり具合が悪くなっていた。

北康利著『レジェンド　白洲次郎』（朝日新聞出版）によれば、次郎はその翌朝、入院したという。コートを着て、ハンチングを被り、誰の手も借りずに病院に入った。すぐにさまざまな検査が行なわれた。注射をする際、看護師に右利きか左利きかを問われた次郎は、真面目くさった顔でこう答えた。

「右利きです。でも夜は左……」

〝左利き〟は酒飲みを意味する隠語である。次郎は死に際まで、イギリス流のジョークを忘れなかった。亡くなったのは、それから2日後の昭和60年（１９８５）11月28日だった。享年83。戦後の動乱期を一陣の風のように吹きすぎた男らしい、なんとも恬淡とした逝きかたであった——。

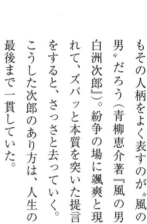

Column　次郎の最愛の妻・正子の言葉4

正子流の〝田舎者〟の定義

田舎に住んでまともな生活をしている人は田舎者とはいわない。都会の中で恥も外聞もなく振舞う人種をイナカモンというのよ。

ひたむきに生きる者にこそ敬意を払う

昭和23年（1942）、早い段階で日本の敗戦を予見していた次郎は、家族と東京郊外の鶴川村に引っ越し、百姓をはじめた。友人たちに「なんだ、ドリンクウォーター（水呑み百姓の意）か」などと冷やかされながら、必死に土を耕した。次郎は後年、尊敬する人を問われた際、「鶴川村の人たちだ」と答えている。そこには、自然と格闘しながらひたむきに生きる百姓たちへの敬意があった。正子もまた、次郎と考えを同じくしていたのである。

白洲次郎100の箴言

第5言

男気

次郎の言葉
58

友情を大切にする

家が焼けたら俺のところへ来い。

戦時中、友人の文芸評論家・河上徹太郎に言った言葉

戦時下で食糧難だったときに友人夫妻を家族と同等に扱った

晩年、鶴川村の武相荘でくつろぐ次郎。戦時中は、友人の今日出海のために納屋を改造して待っていたという。

戦時中、次郎は今日出海《こんひでみ》、河上徹太郎といった文士たちと親交を結んだ。東京・五反田にあった河上の家が戦災で焼けると、翌日には河上家を見舞いに訪れ、河上夫妻を鶴川村に引き取った。河上夫妻はそのまま2年間、白洲邸で暮らした。河上は、当時をこう回顧している。

「然諾《ぜんだく》を重んずる白洲は、あの時節に自分の田圃で作った米を、厭な顔もせず私たち夫婦にも家族並に食はせてくれた」。

食糧難のおり、こんな振る舞いができる者がどれほどいただろう。気脈を通じた相手は、とことん面倒をみるのが次郎の流儀なのだ。

次郎の言葉
59

白洲家は武士の家

武士の娘は人前で泣いたりわめいたりするものではない。

教育方針として、子どもたちに言い聞かせていた言葉

人前で滅多に泣かなかった次郎 晩年はドラマ『水戸黄門』で涙!?

〝ライオン〟の異名をとった次郎だが、子どもや孫に対しては優しい家庭人の顔を見せた。ひとり娘の桂子は父・次郎をこう評す。
「子どもや孫に何か文句がある時は、自分では決して直接言わず、必ず母に言わせていました。嫌われるのが怖いという一心だったようです」(『次郎と正子』)
そんな次郎だったが、子どもたちにはよく「武士の子どもは人前で泣くな」と言い聞かせていた。白洲家は代々儒学者として三田藩・九鬼氏に仕えた武士の家柄。次郎にもサムライの血が流れている。そんな自分の子なのだから、人前で簡単に理性を失うんじゃないよ――次郎は子どもたちにそう伝えたかったのだろう。
次郎自身、滅多なことでは人前で涙を見せなかった。公的な証言として残されているのは、2回だけ。GHQに新憲法を強権的に押しつけられた時、それからサンフランシスコ講和条約が締結された時である。ただ、桂子はこうも語っている。
「晩年、年をとり白洲も涙もろくなり、水戸黄門のテレビドラマに涙したりしていました」(『武相荘のひとりごと』)
GHQと五分にわたり合った次郎も、寄る年波には勝てなかったようだ――。

次郎の言葉
60

お互いに敬意を払う

英国において一番気持の好いのは、身分に関係なくお互いに人間的な尊敬を払うことだ。

「文藝春秋」1951年9月号に寄せたエッセイより

戦後、吉田茂とともにGHQとの折衝にあたる次郎。相手がGHQであれ日本人であれ、プリンシプルを貫いた。

次郎の〝かっこよさ〟のベースは英国留学で学んだ〝精神〟にある

次郎といえば、「日本で最初にジーパンをはいた男」など、かっこよさが喧伝されることが多い。もちろん、これも正しい見方だ。ただ、次郎の本領はそのベースにある〝精神〟にある。「常に自分の頭で考え行動せよ」というプリンシプルを貫徹したからこそ、次郎は無類にかっこいいのだ。

次郎はこのプリンシプルを、英国貴族の振る舞いから学んだ。たとえば英国貴族は、領地などで使用人に会うと、貴族のほうから丁寧に頭を下げる。使用人は相手が子どもでもきちんと挨拶する。目上の者にも目下の者にも心を尽くす。それが、次郎の〝精神〟なのだ。

次郎の言葉
61

弱い者の立場に立て

自分よりも目下と思われる人間には親切にしろよ。

晩年、次郎が周囲の人間に口癖のように語っていた言葉

権力者には
抗うが
弱い者いじめは
絶対にしない!

昭和29年(1954)3月1日、日本の遠洋マグロ漁船・第五福竜丸が、アメリカ軍の水素爆弾実験で発生した多量の〝死の灰〟を浴びるという事件が起こった。この時、日米双方が「アメリカ側の責任を追及しない」という了解のもと、政治問題として事件の解決を図った。これに対し、次郎は強い怒りを表明する。

「一番大事なのは怪我をした人々の生命であり治療であって、外のことは何も問題ではない筈だ。殊に外務省が米国側と保障の問題を協議交渉していた間、生活の柱石を病院に送りこんだ漁夫達の家族が非常な不安を感じたのは当然だが、収入が停止したことについては何の処遇もとってやらなかったことは事実らしい。(中略)冷淡さというものに対しては私は本当に心の底からの憤りを感じた」(「文藝春秋」1954年7月号)

このように、次郎は権力を盾に居丈高に振舞う者に対して、論理を超えた反骨心を抱いた。逆に、弱い者に対しては、論理を超えた同情心を抱いた。次郎の妻・正子は、終生変わらなかった言動や性質をこう証言している。

「ジローさんのゲンコツは何時も権力者や強い者に向けられていて、弱い者いじめをしたことは一度もない」。

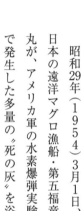

次郎の言葉
62

他人の気づかい

人に迷惑をかけないのがエチケットの第一歩。日本人は都会ではせかせか歩いているのに、ゴルフ場に来るとどうしてあんなにノロノロしているのかね。

晩年、軽井沢ゴルフクラブの理事を務めていた時代の言葉

ゴルフの原点は
他人への気遣い
ジェントルマンシップを提唱

軽井沢ゴルフ倶楽部（現・旧軽井沢GC）のプレー風景。1920年代の絵葉書。㊢Dale Concannon/アフロ

ゴルフは同伴者への気遣いが求められる競技だ。プレーの遅延が発生して日没になると、最終組がプレーを途中で断念することになる。だからこそ「プレイファースト」が求められる。ゴルフが「紳士のスポーツ」と言われる理由だ。

日本では、経済の高度経済成長に伴い、ゴルフの大衆化がはじまった。60年代に入ると、サラリーマンの間で一種のムーブメントとなる。一方で、テレビ中継の影響もあってか、大衆化はアマチュアのスロープレーにつながった。そんな世相だったからこそ、次郎は「ゴルフのプリンシプルに立ち返れ」と提唱したのだ。

次郎の言葉
63

言葉でなく行動で示す

後ろでふんぞり返っているヤツはみんなバカだ！天丼でも何でもいいから先に運転手に食べさせてやってくれ。

会社役員時代、社用車で出かける際によく言っていた言葉

外食時には運転手の食事を先にオーダーするという紳士道

次郎は運転手つきの社用車に乗る際、好んで助手席に座った。後部座席に悠々と座ることなど、次郎には許せなかった。食事のために店に立ち寄る際は、真っ先に運転手の食事をオーダーする。ゴルフ場には、社用車ではなく自家用車で出向いた。「運転手を待たしてゴルフする奴なんか、ゴルフをする資格はない」が口癖だった。

また、キャディをはじめとする裏方にはとことんやさしかった。北康利氏の『レジェンド　白洲次郎』によれば、次郎はキャディに対する文句は、絶対に許さなかったという。当時はカートが普及しておらず、キャディがバッグを担いでついてきてくれていた。それを見た次郎は、こう語っていた。「あんな重たいものを持ってくれているんだ。きついことなど言えるはずないだろう」。

ある時、ボールが顎に当たり、キャディが怪我をしたことあった。心配した次郎は、硬いものは噛めないだろうと、自らスープを持参して見舞ったという。だからであろう、次郎の死後、話が次郎におよぶと涙を浮かべるキャディが多かったそうだ。次郎は周囲の者によく「目下の者には親切にしろ」と語ったが、それを自分自身の行動によって示した。発言に説得力があるのはそのためなのだ。

次郎の言葉
64

どんな時も紳士であれ

日曜はビジターは、お断りだと言え。

ゴルフクラブの理事だった時に田中角栄に言った言葉

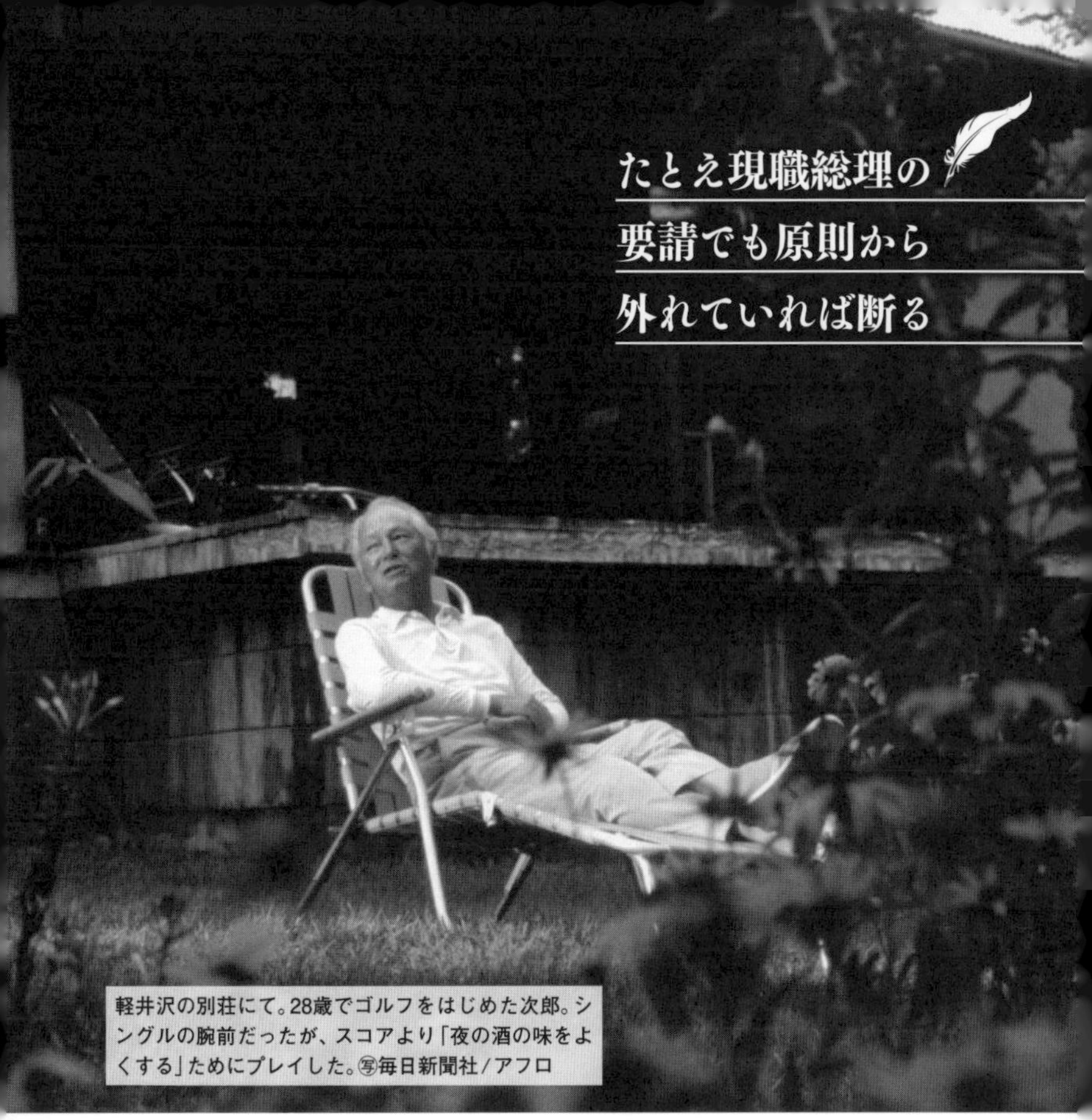

たとえ現職総理の
要請でも原則から
外れていれば断る

軽井沢の別荘にて。28歳でゴルフをはじめた次郎。シングルの腕前だったが、スコアより「夜の酒の味をよくする」ためにプレイした。㉂毎日新聞社／アフロ

次郎が軽井沢ゴルフクラブの理事だった時、田中角栄総理が入会した。すると角栄は日曜日に「米大使と回りたい」と伝えてきた。次郎は、週末はビジターを受け入れない、とのルールに則り、突っぱねた。会員権制のクラブでは、その不所持者をビジターという。この場合、米大使が該当していた。

これに対して秘書官が「総理たってのお願いです」と食い下がると、次郎は「では、当クラブの規則を変えねばなりません。理事会を召集して決議が必要なのでそれまでお待ちください、と言え」と返した。次郎はどこまでも、原則を大事にしたのだ。

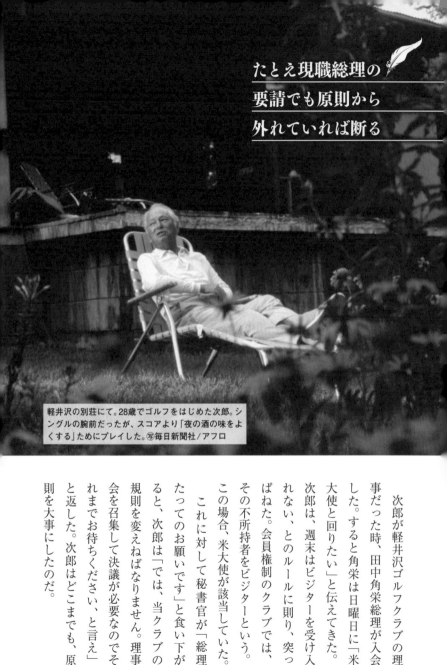

次郎の言葉
65

白洲夫婦の暮らし

ネクタイを締めないで失礼。

白洲夫妻が新婚だった頃、正子との夕食の席で言った言葉

夫婦間の対決が
白洲家の〝名物〟
白黒がはっきりした
最強の夫婦

次郎と正子が結婚したのは昭和4年（1929）のこと。次郎は27歳、正子は19歳であった。新婚当初は恥じらいがあったのか、互いに多くは語らなかった。正子は後年、こう回想している。

「食事のときに、卓に座ると『ネクタイをせずに失礼』というふうな具合だったわね」。

　しかし、正子が次郎に車の運転を習ったことを契機に、初々しい関係は一変。口うるさい次郎に辟易した正子は30分で車を降り「運転なんかできなくたって、いつか生まれてくる子どもに乗せてもらうからいい！」と啖呵をきったという。結婚後、初の夫婦喧嘩だった。

　この一件以来、正子は次郎から1本取るのが生きがいになった。ある朝、次郎が起きるのが遅い正子の寝室の前で芝刈りをはじめた。エンジン音で目覚めた正子は怒り心頭、次郎にスリッパを投げつける。そして、娘・桂子に「見事に命中した」と勝ち誇った顔で報告した。一風変わった夫婦だが、桂子の夫・牧山圭男氏はこう語る。

「次郎と正子が言い訳を言ったり、人を裏切ったり、アリバイを主張したりするのを、私は聞いたことがない。そして殆どの場合、白黒がはっきりしていて気持ちがいい」。

　やはり2人は、ベストパートナーだったのだろう。

次郎の言葉
66

カレーも英国流

君はまだカレーをスプーンで食うのか、赤ん坊じゃあるまいし。

カレーを食べる際、スプーンを使っている者に言った言葉

英国流の作法を守るのは大変⁉カレーをぽろぽろこぼした次郎

武相荘のカフェの人気メニュー、「武相荘の海老カレー」。ライスにキャベツの千切りが添えられるのが白洲家流だという。

帝国ホテル社長・犬丸一郎氏が、カレーをスプーンで食べていたときのこと。そこに通りかかった次郎はその様子を一瞥し、「君はまだカレーをスプーンで食うのか、赤ん坊じゃあるまいし」と言ったという。

日本人の一般的な感覚からすれば、カレーはスプーンで食べるのが普通だ。ところがイギリスでは、カレーはナイフとフォークで食べるのだという。当地でスプーンを使うのは、行儀作法が身につく以前の子どもなのだとか。ちなみに犬丸氏によれば、次郎はカレーをフォークで食べていたが、ポロポロこぼしていたそうだ。

次郎の言葉
67

愛娘への大きな愛情

そんなもの亭主に払わせろ。

娘・桂子が小遣いで歯医者に行ったことを聞いた際の言葉

次郎の〝お中元〟で歯医者に行ったひとり娘にもの申す！

プリンシプルに欠けた者には厳しかった次郎。一方で、家族には惜しみない愛情を注いだ。ことに子どもにはやさしく、長男の春正に〝ニヤマ〟、次男の兼正に〝ペピィ〟、ひとり娘の桂子〝トゥーラ〟と愛称をつけ、海外出張の際には、トランクいっぱいにお土産を買って帰った。

なかでも次郎が溺愛したのが、桂子であった。麻雀好きだった白洲家では、しばしば家族で麻雀卓を囲んだ。メンバーが足りない時は桂子も参戦した。白洲夫婦の戦法は、まったく異なる。次郎は点数の高い手を狙う〝攻め型〟。正子は安い手で点数を稼ぐ〝コツコツ型〟だった。桂子が負けると、正子は情け容赦なかったが、次郎は掛金の代わりにほっぺへのキスを求めるのが常だったという。

そんな桂子が嫁に行ってからというもの、次郎は愛娘と会うのを心待ちにするようになった。夏休みに桂子が軽井沢の別荘にやってくると、「お中元」と称してかなりの金額を手渡していた。ただ、次郎はその後、何に使ったのかを必ず聞く。ある時、桂子が「歯医者の支払いに使った」と答えると、次郎はこう断言した。

「そんなものは亭主に払わせろ！」

次郎の中で、桂子はいつまでも可愛い〝トゥーラ〟のままだった。

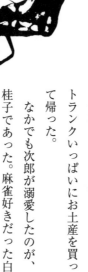

次郎の言葉
68

次郎流の着こなし

ツイードなんて、買って
直ぐ着るものじゃないよ。
3年くらい軒下に干したり
雨ざらしにして、
くたびれた頃着るんだよ。

デザイナー・三宅一生氏へのアドバイスとして語った言葉

三宅氏がデザインした服を着てモデルを務める次郎。180センチの長身だけあって、妙々たる着こなしだ。

世界的に有名なデザイナーをして「白洲さんは本当におしゃれ」

次郎と親交のあった世界的にも有名なデザイナー・三宅一生氏は、「白洲さんは本当にいつもおしゃれだ」と評している。食事が終わって席を立つ際、ポケットにさりげなく手を入れるしぐさは、惚れ惚れするほどかっこよかったそう。

ただ、次郎はたんに高価なブランド品を身につけ、流行を追っていたわけではない。次郎は、洋服を自分流に〝着くずす〟ことを大事にしていた。三宅氏は、「ツイードは買ってすぐ着るもんじゃないよ」とアドバイスされたという。

実際、次郎が残したツイードのジャケットは、今見ても見事な風合いを保っている。

次郎の言葉

69

服装の基本を知る

OVER DRESSと UNDER DRESSに 気をつけろ。

次郎が服装について語る際によく口にした言葉

ファッションでも超一流！
誰もが憧れた次郎流着こなし術

娘婿の牧山圭男氏によれば、次郎のファッションのベースはイギリス仕込みのトラディショナルだった。それを踏まえたうえで、ファッション用語でいう〝T（Time）・P（Place）・O（Occasion）・S（Style）〟をきちんと押さえていた。服装にも自分のプリンシプルがあったのだ。

ある朝、出社する牧山氏がツイードのジャケットを着ていた時のこと。それを見た次郎は、「君、そんな格好で会社に行っても大丈夫なのか？」と声をかけた。当時はカジュアル全盛の時代。ビジネスマンがツイードを着るのは、ごく普通のことであった。ただ、次郎の感覚では、ツイードは田舎で遊ぶ際の服装だったようだ。

もうひとつ、次郎がよく言っていたのが、「OVER DRESSとUNDER DRESSに気をつけろ」だった。牧山氏によれば〝OVER DRESS〟とはバーベキューにスーツを着て行くようなことを意味し、〝UNDER DRESS〟とはフォーマルなパーティーにポロシャツで行くようなことを意味するという。

場や状況に合わせて、自分らしい着こなしを楽しむこと。これが、次郎流のファッションの極意であったようだ。

次郎の言葉

70

モテる男の条件とは

①席に着いたら女性には万遍なく話しかけ、一人と話し込むな。

②金払いは綺麗に。

③言い寄られたら即座に断れ。

バーやクラブで女性にモテるための秘訣として語っていた言葉

「読売新聞」昭和25年4月22日付朝刊1面を飾った写真。サンフランシスコ講和特使に任命された次郎。㊢読売新聞／アフロ

女性にモテモテだった次郎 秘訣はジェントルマンシップ

次郎は非常に女性にモテた。妻・正子はこう評している。「なんと言っても次郎さんは、180センチの長身で、スーツの似合う、それはもうほれぼれするいい男でしたから」。

ただ、次郎がモテたのは、端正な容貌だけが理由ではなかった。娘婿・牧山圭男氏によれば、次郎はバーやクラブでモテるための心得を「女性には万遍なく話しかけ、金払いをよくして、言い寄られたらすぐ断れ」と語っていたという。こうしたジェントルマンシップこそが、本当にモテる男の条件なのだろう。ちなみに正子によれば、生涯で一度も浮気はなかったそうだ。

次郎の言葉

71

信条は人助け

人が困っているときは、助けるもんだ。

次郎がつねづね、自分の信条として語っていた言葉

人助けをしても礼など求めず次郎から友人に贈られたものとは

戦時中、人々が食糧難に苦しんでいたころのこと。次郎の友人宅の玄関に、新聞紙に無造作に包まれた野菜が放り込まれた。友人が気づいて玄関に出てみると、人の気配はない。一体、誰が——。

これは当時、鶴川村で百姓をしていた次郎からの贈り物であった。次郎は人助けを信条としていた。ただ、人一倍シャイだった次郎は、自分の手柄を殊更に強調するのを好まない。それゆえ、礼などを言われる前に風のように立ち去ってしまうのが常であった。

国司浩助という人物が51歳の若さで病没してしまった際、それからしばらくして、次郎が冷凍エビを携えて国司家を訪れた。

「国司さんの指示で取り組んでまいりました船内急速冷凍装置が完成しました。本来仏前の供え物とすべきものではありませんが、国司さんはきっとこの冷凍エビを喜んでくれるはずです。ぜひ仏前に供えてあげてください」(『レジェンド　白洲次郎』)

国司は、次郎を日産コンツェルンの総帥・鮎川義介に紹介し、共同漁業に転職するきっかけを作ってくれた恩人だった。次郎は、その国司が晩年、船内急速冷凍装置の開発に心血を注いでいたことを知った。遺族への粋なはからいは、次郎なりの恩返しであった。

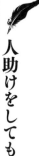

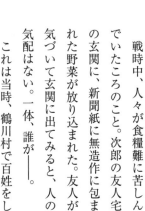

次郎の言葉

72

酒飲みの心がまえ

いくら酒を飲んでもいいが、人前で吐くな。

自宅やバーで家族や友人たちに酒をふるまう際の言葉

武相荘にあるバー＆ギャラリーの看板。バー内にはバーカウンターや往年の次郎と正子の写真などが飾られている。

酒を心から愛した次郎の酒と上手に付き合うための心得

酒をこよなく愛した次郎。晩年は、夕方になると「Ｂａｒ ｉｓ ｏｐｅｎ」と誰にともなく呟き、テラスに椅子を持ち出して暮れゆく夕日を眺めながら、ドライ・マティーニやジントニックを飲むのを日課にしていたという。

ウイスキーなら本場英国のシングルモルト。特別な酒がない場合は、デュワーズのホワイトラベルを味わった。ほかに好きだったのは、ブラックボトル、グレンファーストやマッカラン。家族にも友人にも、惜しみなくとっておきのウイスキーを振る舞う。ただ「人前では吐くな」。酔っ払ってもサムライであった。

次郎の言葉
73

痛みを分かち合う

給料は半分で良い。僕はそれだけあれば食っていかれるから。

東北電力の会長時代、部下に対して行なった宣言

自分を律して電力料金の引き上げに尽力する

電力再編に辣腕を振るった次郎は、東北電力の会長に就任する。問題は山積していた。新しい電力会社は経営が不安定であり、営業収入も足りなかった。電力料金の値上げしか解決策はなかったが、当然、猛反発が予想された。

この時、矢面に立ったのが松永《まつなが》安左衛門《やすざえもん》であった。戦前に東邦電力を創立し、五大電力会社のひとつに押しあげた男である。ただ、電気料金改定に乗り出した松永に対して、予想通り反対の投書が殺到。なかには「松永を殺す!」と息巻く脅迫も混じっていた。やがて労働者側からも経営者側からも「松永を切れ!」との声があがる。

しかし、松永は怯まなかった。北康利著『白洲次郎　占領を背負った男』によれば、松永の硬骨漢ぶりに感銘を受けた次郎はこう宣言したという。

「電力料金の値上げ申請が通るまで、自分の月給を半分にする!」。

次郎の持論は「家庭用電力は公益事業だが、大口需要者に関しては営利事業であるべきだ」であった。次郎は、松永と共に戦う姿勢を示したのだ。松永や次郎の奮闘によって、昭和27年(1952)、28・8%の電力料金値上げが認められる。こうして電力会社の経営基盤は安定し、海外からの資金導入にも繋がっていったのである。

次郎の言葉
74

敗北の証を焼却できず

こういうものは、墓場まで持って行くもんなのさ。

晩年、焚き火をしていた次郎が娘・桂子に語った言葉

大量の書類を焼き捨てた次郎 唯一、焼けなかった書類とは――

自らのはたした役割について多くを語らなかった次郎。自慢も自己弁護も一切なし。それが次郎の生き方だった。
㊢読売新聞／アフロ

次郎は焚き火が好きで、「燃やすものはないか?」とよく周囲の人に聞いて回っていた。そんな晩年のある日、古いカバンを持ち出し、中に入っていた大量の書類を火にくべていた。娘の桂子が「なにを燃やしているの?」と聞くと、次郎は質問には答えず、「こういうものは、墓場まで持って行くもんなのさ」と呟いたという。

次郎は戦後処理の関係資料は全て燃やし、黙して語らずという態度を貫いた。死後、そんな次郎が唯一、焼かずに残していた書類が発見された。それは、新憲法の検証の際に使用された「極秘」扱いの書類であった。

Column 次郎の最愛の妻・正子の言葉5

自分が心から好きなものを供する

自分が好きなものを人様に勧めることが、真のサービスだと悟った。

自分が心から好きな商品から売れている！

正子は46歳の時、銀座で染織工芸店『こうげい』をはじめた。以降15年間、経営を続け、優れた工芸作家を幾人も輩出した。そんな正子は当初、品揃えが自分好みに偏りすぎてはいけないと考え、客の求めるものを置くように努めていた。しかし実際には、自分が購入する気で仕入れた商品から売れていった。そこで正子は「お客におもねっても見透かされるだけ。それでは売れない。ひたすら自分の好みを追求しなければダメなんだ」と気づいたのだという。

白洲次郎100の箴言

第6言 警鐘

次郎の言葉
75

自分自身の哲学を持つ

日本の学問のやり方は
いけないねえ、
商売人になるというと、
まず経済学。そのくせ、
本当の経済は知っていないよ。

「週刊サンケイ」1953年11月29日号『閑話休題』より

テストで低い点を取った次郎 そこで本当の学問に気づく

次郎は生涯を通じて「プリンシプル（原則）が大事だ」と語ったが、大学時代の経験が強く影響していたという。

17歳でイギリスに留学した次郎は、ケンブリッジ大学で学んだ。同大学は優秀な教授陣で知られ、当時は高名な経済学者ジョン・メイナード・ケインズもいた。次郎は恵まれた環境に身を浸し、貪欲に知識を吸収していった。

ある時、次郎は物理学のテストで低い点をとった。試験勉強は入念に行なっていた。首を捻って答案用紙を見ると「君の答案には君自身の考えがひとつもない」と教授の言葉が書きつけてあった。次の試験で、次郎は自分の意見を書いて高得点をもらった。「自分の頭で考え行動する」という、次郎の哲学が芽吹いた瞬間だった。

次郎の言葉
76

よく日本人は「まあまあ」って言うんだ。「まあまあ」で納めるのもいいんだよ。妥協ということに僕は反対するわけでも何でもないんだ。妥協は妥協でいいよ。だけども、ほんとの妥協ということは、原則がハッキリしているところに妥協ということが出て来てるんでね。日本人のは妥協じゃないんだ。

目的のため妥協がある

1950年に河上徹太郎、今日出海との対談で語った言葉

本当の〝妥協〟とはなにか――次郎と吉田茂が共有する〝原則〟

日本の政治の特徴は、衝突を避け、無理をせずに同意の輪を広げることだと言われる。それで物事が円滑に運ぶ場合もある。ただ、原則が共有されないままに妥協が繰り返され、結果、当初の目的から逸れてしまうことが珍しくない。

次郎はなによりも、こうしたあり方を嫌った。一方、吉田茂のような硬骨漢とは気脈を通じていた。この2人に共通するのは、原則をもって妥協を許容し、目的に向かって邁進した点である。

戦後、日本が戦勝国との講和に臨む際、東西すべての交戦国と講和する〝全面講和〟か、あるいは西側中心の大多数の国と講和する〝多数講和（単独講和）〟のいずれを選ぶかで、国内世論が真っ二つに割れた。全面講和派は「対立した2つの世界の溝を深めたり、危機を拡大してはならない」と訴えたが、吉田は「空念的である」と一蹴。実現可能な多数講和・日米協調路線を突き進んだ。

吉田を手放しで称賛したいわけではない。講和条約と同時に調印された日米安保条約が、今日まで続く日米間の軍事・経済問題の発端になったのは事実だろう。ただ、吉田には〝早期講和〟という原則があった。そして、敗戦国にしては有利な条件で講和を実現した。これもまた、事実なのである。

次郎の言葉
77

日本人への次郎の提言

私は財界人と云わず誰でも日本国民は、もっとはっきり政治に対する意見を云うべきだと考える。

鳩山一郎の引退にあたり、自民党に申し入れをした財界人に

戦後も日本の体質は変わらない…財界人に民主主義の不在を見る

戦後処理については語らなかった次郎だが、『文藝春秋』などにエッセイを発表。時事問題への提言を続けた。

吉田路線を転換し、日ソ国交回復の実現を果たした鳩山一郎。この鳩山内閣の退陣が持ちあがった昭和31年（1956）9月、金融・産業界の70余名が参加する時局懇親会が開かれ、同会は自民党に〝申し入れ〟を行なった。

次郎は、これ対して違和感を表明した。申し入れという体裁で、一部の財界人が自民党を御用党扱いするのはおかしい。意見があるなら、個人が堂々と発言すればいい。それが民主主義というものだ。これでは、戦前の軍部が統帥権に干渉したのと同じじゃないか、と。次郎は財界人にも、プリンシプルの不在を看取していたのだ。

次郎の言葉
78

役人嫌いの原体験

日本ぐらい自分でものを考えるやつが少ない国はありませんよ。違ったことをいうと、そこらへん全部ご機嫌が悪い。

北康利著『白洲次郎　占領を背負った男』より引用

ＧＨＱの言いなりになる官僚に嫌気　自分の頭で考えろ！

次郎の〝役人嫌い〟は有名だ。北康利著『白洲次郎　占領を背負った男』によれば、こうした性質は、次郎が戦後処理にあたっていたころに身についたという。

　日本に進駐してきた占領軍ＧＨＱは、急速な民主化を断行した。戦争協力者だと見なされた者は次々に追放され、戦前の軍閥、財閥にはことごとくメスが入れられた。ただ、ＧＨＱは官僚組織には手をつけなかった。官僚の行政機能を、そのまま日本統治に利用しようと考えたのだ。そのため、さしたる抵抗もせず、ＧＨＱの言いなりになる官僚が続出した。こうした者たちに心底、嫌気が差していた次郎は、後にこう語っている。

「役人はすぐ向こう側につくんですよ。アメ公側につくのが楽だもの。これは日本人だなと思って僕ら気を強くしたのは、内務省の役人でしたね。若い人で、『殺されてもいやだ』というやつがいましたよ」（安藤良雄著『昭和政治経済史への証言』下）。

　ＧＨＱの同質化圧力に抵抗できない役人が、次郎は許せなかった。次郎が「毎日、殺される覚悟」をしながらＧＨＱに敢然と抵抗したのは、こうした者たちへの怒りにも、一因があったのだと思われる。

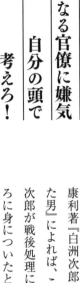

次郎の言葉

79

出る杭は打たれる

いま日本でいけないのはすぐ人の脚をひっぱることだね。これは大変な奴だと思うと脚をひっぱっちゃう。だから日本で何かのトップにゆく奴は、毒にも薬にもならない奴が大部分だよ。

1950年に河上徹太郎、今日出海との対談で語った言葉

吉田茂に引退の勧告をした次郎 権力に固執した吉田は政争に……

吉田全権団の一員として訪米する池田勇人蔵相と宮澤喜一蔵相秘書官。独立回復に向けて手を携えて邁進した。

戦後処理にあたって、次郎は吉田茂に〝側近〟として仕えた。とはいえ、次郎は吉田に従順だったわけではない。言いたいことはズバッと言う。宮澤喜一は「従順ならざる側近」と評した。ただ吉田には、次郎の諫言を受けとめる度量の広さがあった。

その吉田が講和条約に調印すると、次郎はすぐ「負けの講和をしたんだ。人気が高い今こそ辞め時だよ」と引退を勧告した。吉田は「今引退すれば、神様のようにもてはやされるな」と言うも聞き入れず、2人は袂を分かつ。その後、〝ワンマン〟と化した吉田は、泥沼の政争に埋もれていくのである。

次郎の言葉
80

自分の天命を知る

皆、運がよくて
権力を握っただけなのに、
それを自分の能力だと
思い込んでいる
馬鹿がたくさんいる。

晩年、娘婿・牧山圭男氏をはじめ、周囲の人に語った言葉

自分の誕生先は
選べない……
だからこそ恵まれた者は
他人に還元すべし

次郎は恵まれた家庭に生まれ、育った。父の文平はアメリカのハーヴァード大学を卒業後、ドイツのボンに学び、帰国後は綿の貿易で大金持ちになった。建築が道楽で、家に腕のいい大工を住まわせるほど。次郎にわたす小遣いも法外な額だったといい、神戸一中のころにはアメリカ製の高級車、ペイジ・グレンブルックを買い与えた。

文平は、次郎をイギリスに留学させると、莫大な仕送りをした。次郎の留学生活は、まさに〃酒と薔薇の日々〃だった。ところが、昭和3年(1928)に金融恐慌のあおりを受け、文平の商売は失速。次郎は帰国を余儀なくされる。次郎はこの時、恵まれた環境は運がもたらしたにすぎない、と自覚したのだろう。そして、恵まれた環境に生まれついた以上、自分はそれを他人に返していかねばならないのだ、と。

だからこそ次郎は、英国留学で学んだ〃ノブレス・オブリージュ(noblesse oblibe)〃——貴族など特権を与えられた者は、それを社会に還元せねばならぬ、とする考えに忠実に生きようとした。GHQとの折衝に命がけで臨んだのも、この考えに突き動かされてのことだろう。富や名声を求めず、権力に執着することもなかったのには、こうした理由があったのだ。

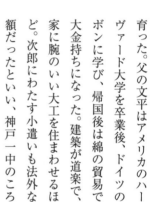

次郎の言葉
81

庶民宰相を惜しむ

角栄がもうちょっと金に困っていない家に生まれていたら、日本はもっと良くなっていたかもしれない。

晩年、田中角栄に対する印象を娘婿・牧山圭男氏に伝えた

田中角栄が大好きだった次郎
対極的な2人に共通した思い

角栄は昭和51年に持ちあがった収賄疑惑〝ロッキード事件〟の被告となるも、裁判では死ぬまで無罪を主張した。

娘婿の牧山氏によれば、次郎は田中角栄が大好きだったという。角栄は新潟の寒村に生まれ、小学校卒ながら総理にのぼりつめた。一貫して国土開発に取り組み、都市と地方の格差解消に尽力した。日本国中を平等に繁栄させようとしたのだ。そこが次郎の好みだったのだろう。

しかし、学閥や閨閥の後ろ盾がなかった角栄は、自派閥を拡大するため、莫大な政治資金を投入した。資金確保のために危ない橋も渡った。そのせいで、晩年には収賄疑惑で失脚してしまった。次郎は、角栄に後ろ盾があればそんなことには、と惜しんだのだ。

次郎の言葉
82

次郎の交渉術

僕はよくプリンシプルっと言うけれど、狭いエレベーターの中で、何が何でもレディーファーストなんて愚の骨頂だ。だが、日本の政治家にも、財界人にも、それすら感じられる人が少なくなった。志を感じられない上に、皆ポーズが足らん。

晩年、日本の現状を憂いた次郎がよく口にしていた言葉

ホイットニー准将に送ったジープウェイ・レターの真意

次郎は口癖のように「プリンシプル（原則）が大事だ」と語った。だが同時に、原則に固執するあまり、現実を見失ってはならない、とも考えていた。例えば、足の踏み場もないところでレディーファーストを押し通しても、周囲が迷惑するだけだ。原則を大事にしつつ、大局観に立って、状況に応じた行動をとること――それが、次郎の考えるプリンシプルだった。

次郎のやり方がよく理解できるのが、〝ジープウェイ・レター〟である。GHQが新憲法を強権的に立案しようと躍起になっていた昭和21年（1946）2月15日、次郎はそれに待ったをかけるべく、GHQ民政局のホイットニー准将に書簡を送っているのだ。

このなかで、次郎はあえて日本側を「They（彼ら）」、GHQ側を「You（あなた）」と呼んで中立的な立場を強調しながら、「一挙に全面的な改正を行なえば、強硬な反発を招く」とし、「日本には日本のやり方がある」と説いている。必死の請願もむなしくホイットニーには一蹴されたが、次郎が大局観に立って、状況に応じた説得を試みているのは明白だ。そして、これを可能にしたのが「日本の憲法は日本の手で立案する」という次郎の悲願であり、プリンシプルだったのである。

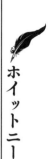

次郎の言葉
83

行く末を案じる

政治というのは常に国民に夢を与えなければいけない。

晩年、日本の行く末を案じ、周囲の人々に語った言葉

志のない政治家の蔓延を憂い日本の行く末を案じた晩年

次郎の政治の定義は、「政治とはここを駐車禁止と決めること。行政とはそれを守らせること」であった。

次郎は晩年、日本の行く末を憂いていた。ことに政治家に対しては辛らつだった。次郎はこう考えていた。今の政治家には志が感じられない。みな利権に群がり、ただ案件を捌いているだけだ、と。

次郎や吉田茂には、戦後復興という大望があった。戦火で灰燼に帰した国土を踏みしめて、独立回復や経済発展という夢を国民に示し、ひたすら突き進んだ。しかし、戦後復興が果たされ、高度経済成長が終焉して以降、日本は進路を見失ったまま。経済格差はひろがり、国民を閉塞感が覆っている。そんな今だからこそ、次郎の言葉が響くのかもしれない。

次郎の言葉
84

お義理は大きらい

友人の友人は必ずしも友人ではない。皆、簡単に私が責任を持つ、などと言うが、どうやって責任が取れるものか。

晩年、周囲の人々に口癖のように語っていた言葉

冠婚葬祭にもプリンシプルを貫く次郎が語る真の友情とは？

次郎はプリンシプルを大事にしたが、なによりも〝然諾《だくぜん》を重んじる〟人間だった。これは、いったん引き受けたことは、万難を排して必ず実行することを意味する。逆に、安請け合いをしてすぐに投げ出したり、できもしない理想を声高に語ったりすることを、なによりも嫌っていた。

例えば、対米戦開戦前に日本の敗北を予見した次郎は、職を辞して東京郊外の鶴川村にひきこもり、食糧増産に励んだ。その際、友人の文芸評論家・河上徹太郎、文学者の今日出海に「家が焼けたら俺のところに来い」と請け負った。はたして次郎の予想通り、日本の都市は戦災で灰燼に帰し、河上の家も焼けてしまう。すると、次郎は即座に河上夫妻を引き取り、約2年間にわたって面倒をみた。

このように、次郎は義理堅い男だった。とはいえ、ただの〝お義理〟は大嫌い。同僚役員の娘が結婚する際も、祝いはしない。役員その人と親しくても、家族と付き合っているわけではないから、というのが理由だった。またある晩、友人の葬式から帰宅した次郎は、「付き合いのない奴らがゾロゾロ来るのは我慢ならん！」と立腹していたという。常に本音で付き合い、いい加減なふるまいを許さない。次郎はそんな男だった

次郎の言葉

85

アメリカの抱える矛盾

宇宙は神様が創ったというのなら、人間のやることはそろそろ人間の縄張りを脱しかけているのではないだろうか。

米軍の水爆実験で死の灰を浴びた第五福竜丸についての発言

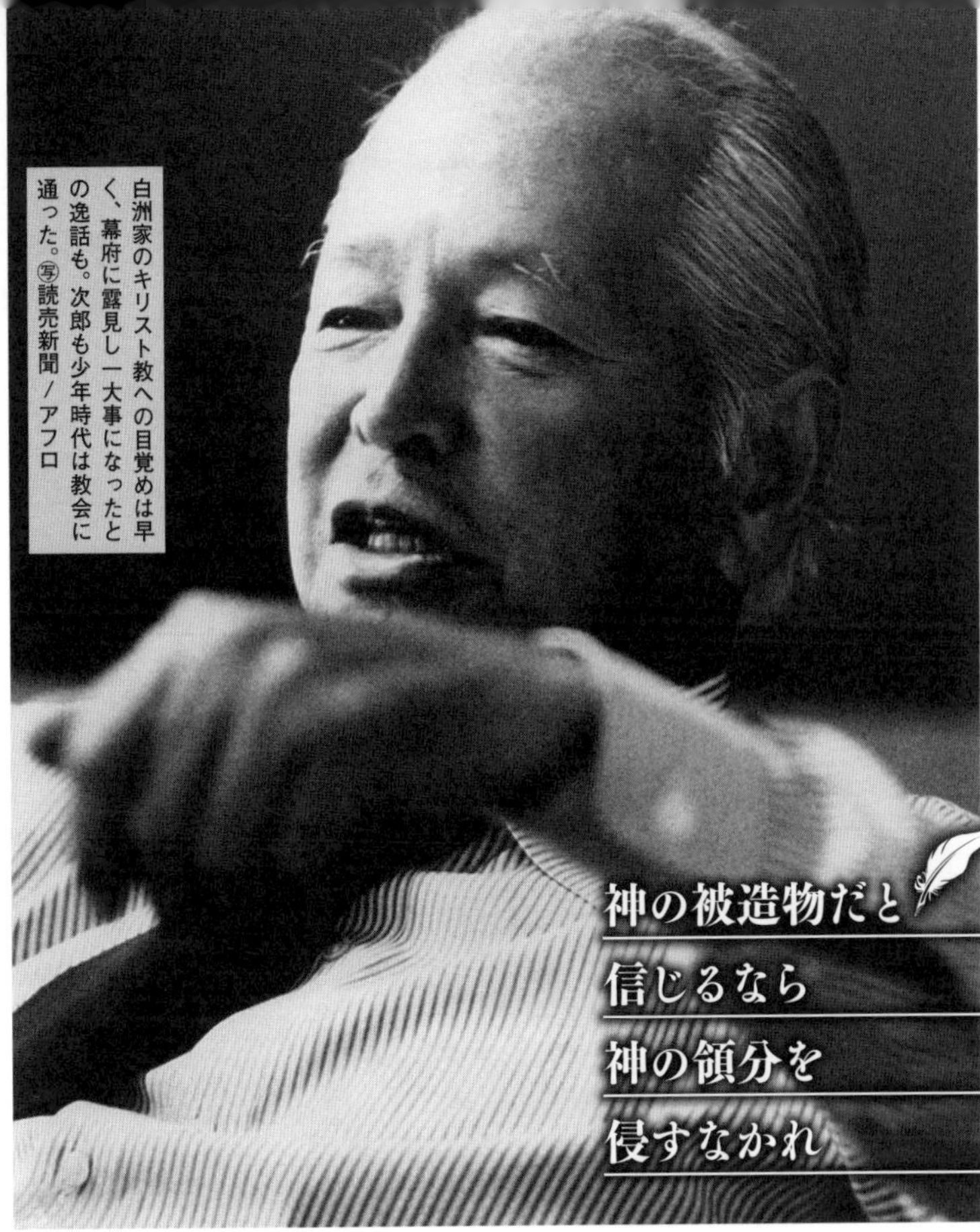

白洲家のキリスト教への目覚めは早く、幕府に露見し一大事になったとの逸話も。次郎も少年時代は教会に通った。㊢読売新聞／アフロ

神の被造物だと信じるなら神の領分を侵すなかれ

米国では約9割の人々が神の存在を信じているそうだ。その大勢を占めるキリスト教では基本的に、神＝造物主が無から世界を創造し、生命や人間を作ったとされる。

一方、米国は40年代から核開発を進めてきた。日本に原爆を落とすに飽き足らず、50年代には冷戦を背景に水爆開発を推進。日本の漁船・第五福竜丸がその実験に巻き込まれて被爆した。科学の進歩は結構だ。ただ、それを人間がコントロールできないなら、もはや神の領分になる。人間は被造物だという米国の人間が、神の領分を侵すのは矛盾していないかい――次郎はそう提言したのである。

次郎の言葉
86

言葉でなく行動で示す

よくなるのかなんて考えるほうが、よっぽど楽観じゃないか。

1950年に河上徹太郎、今日出海との対談で語った言葉

常に現実と向き合っていた男 乱世でこそ輝く改革者

昭和25年（1950）、次郎は「文藝春秋」誌上で、盟友の文学者・河上徹太郎、今日出海と座談会を行なった。このなかで次郎は、河上の「日本ていう国はよくなるのかい」という質問に対し、「よくしなきゃダメじゃないの」と答えた。河上が「希望的楽観はよそう」と返すと、次郎はこう応じた。

「希望的楽観じゃないさ。現実にこれをよくしてゆく以外に手がないじゃないか」。

机上で「よくなるのか否か」を問うよりも、現実を変革するために知恵を絞るべきだ――それが次郎の生涯不変だった考え方である。いわば、乱世でこそ輝く改革者だったといえる。妻・正子は、夫についてこう語っている。

「しょせん平和な世の中に通用する人間ではなかった。性格的にも乱世に生き甲斐を感じるような野人で、外交官にも、政治家にも、向いていたとはいえない」。

次郎は、自分の利益のために他人を使役するには、やさしすぎた。それゆえ、戦後処理を終えると役職をかなぐり捨て、さっさと鶴川村に帰ってしまった。今は、そんな次郎の人となりをこう評す。

「小汚い野良着を着ている彼は政治的野心もなければ、金儲けも念頭にない。余り野心がないから誤解を受けるのだ」。

Column 次郎の最愛の妻・正子の言葉6

白洲夫婦という生き方

まことにプリンシプル、プリンシプル、と毎日うるさいことであった

白洲夫妻の不思議な愛のかたち

次郎は晩年、知人に「僕を我慢強い男だと思うだろう?」と訊いた。理由を問うと「あの婆さんと付き合ってきたんだよ」。たしかに正子は常人離れした個性の持ち主だ。家事はほとんどせず、いつも美術評論の取材で日本中を飛び回っている。ただ、正子も我慢はしていただろう。なにせ、次郎は毎日「プリンシプルが……」と呟いているのだ。とはいえ、正子は「やはり白洲次郎という男と結婚してよかった」とも語っている。ウンザリしつつ、愛し合っていたのだ。

白洲次郎100の箴言

第7言 人生

次郎の言葉
87

白洲次郎の生きざま

プリンシプルを持って生きれば、人生に迷うことは無い。プリンシプルに沿って突き進んでいけばいいからだ。そこには後悔もないだろう。

友人知人に口癖のように語っていたという次郎の信念

講和条約に調印した吉田全権団が帰国すると、大勢のマスコミが迎えた。しかし、次郎はひとり早々と立ち去った。

白洲次郎という人間を象徴する名文句

次郎の生涯を通じた揺るぎない信念だったのが〝プリンシプル〟だ。日本語に翻訳すると〝原理原則〟、具体的に言うならば〝物事の筋を通す〟ことである。

戦後、次郎は1日でも早い日本の復興を願い、焼け野原となった日本を走り続けた。GHQとの折衝、憲法改正、通商産業省設立、電力再編、講和独立——見通しがついた段階でいち早く進路を変更し、新たな課題に突き進む。決して偉ぶらない。自分の功績は語らない。あとに残すものは、〝権力への抵抗〟という轍だけだ。それが、次郎の〝プリンシプルを持つ生き方〟であった。

次郎の言葉
88

人生は適材適所

どのような体格の人にもポジションがある。人生も同じだ。

次郎の愛娘・牧山桂子の著作『武相荘のひとりごと』より

乱暴者で通った少年時代の次郎　戦後処理で生来の気質が花ひらく

次郎は若いころ、サッカーとラグビーに熱中する一方で、手のつけられない乱暴者で通っていた。ブルジョアの子弟が集う名門・神戸一中でも、もとより一匹の次郎は、バンカラな校風に馴染めなかった。同級生だった文学者の今日出海は、当時の次郎をこう評す。「彼は丈が高く、訥弁で、乱暴者で、癇癪持ちで、我々文弱の徒はぶん撲られる恐れさえあった。だが育ちがよいから、怖いと云っても格別凄味があるわけではなし、後に残るような憎しみを与える男ではない」（『私の人物案内』）。

エネルギーを持て余し、やり場のない怒りを抱えた次郎少年。そんな息子に手を焼いた父・文平は、英国留学を命じた。次郎自身、留学は「島流し」だと語る。とはいえ、この判断が功を奏した。英国で英語力を培った次郎は、敗戦ですべてを失った日本に、必要不可欠な人材となる。そして、生来の負けん気でＧＨＱとの折衝にあたり、八面六臂の活躍をみせたのだった。

サッカーとラグビーでは、どんな人にも資質に合ったポジションがある。体が大きく頑健な者、体は小さいが頭脳プレーに長けた者、それぞれに役割がある。人生も同じだ。人間には誰しも短所があるが、時局が変われば長所にならないともかぎらないのである。

次郎の言葉
89

自分よりも他人のため

恵まれて生まれた
人間は心して生きよ。

英国留学で学んだ〝ノブレス・オブリージュ〟の教え

自由は不自由の中に在り！田舎暮らしは富める者の責務

武士の血筋、生来の正義感、英国で学んだ紳士道――これらが渾然となって、白洲次郎という傑物が形成された。㋪読売新聞／アフロ

次郎は、英国留学で学んだ〝ノブレス・オブリージュ（位の高い者の責務）〟をまっとうすべく、〝カントリー・ジェントルマン〟として生きた。普段は地方で晴耕雨読の生活を送りつつ情報収集に励み、有事の際は中央政界に駆けつける――そんな生きざまだ。

一見すると気ままな暮らしに思えるが、そうではない。次郎の敬愛した福沢諭吉は「自由は不自由の中に在り」と言っている。消費社会に背を向け、ままならない自然と格闘する。自分よりも公共の利益を第一に考える。それが次郎が選び取った「自由」であり、恵まれた者の「責務」であった。

次郎の言葉
90

天性の正義感

ボクは人から、アカデミックな、プリミティブ（素朴）な正義感をふりまわされるのは困る、とよくいわれる。しかしボクにはそれが貴（とうと）いものだと思ってる。他の人には幼稚なものかもしれんが、これだけは死ぬまで捨てない。ボクの幼稚な正義感にさわるものは、みんなフッとばしてしまう。

「週刊朝日」1951年11月18日号の一問一答より

死ぬまで持ち続けた少年時代から変わらぬ〝正義感〟

少年時代の次郎は乱暴者で通っていたが、こうした気質は、生まれ持った正義感の強さに由来していた。北康利著『レジェンド　白洲次郎』によれば、神戸一中時代、サッカー部の主将を務めていた次郎は、予算交渉のため、何度も職員室に乗り込んだという。

当時のサッカーボールの質は、今と比べてはるかに悪かった。神戸一中のボールも例外ではなく、練習を続けていればすぐにボロボロになった。それゆえ、次郎は部員のために部費を獲得すべく、学校側との交渉に臨んだのだ。とはいえ、公立学校の部費には限りがある。幾度も追い払われた。だが、次郎は10日連続で職員室に通い、ついには予算を分捕ったという。

英国に留学しても、正義感の強さは変わらなかった。次郎はケンブリッジ大学で、終生の友となるロビンと出会っている。2人の友情は、ロビンが学友に絡まれているところに通りかかった次郎が、割って入ったことから育まれた。

次郎は負けん気が強く、乱暴者ではあったが、弱い者いじめは絶対に許さなかった。英国で学んだプリンシプルも、理屈から入ったのではなく、生来の正義感に根ざしていたのだろう。そして、この気質が生涯変わらなかったのが、次郎の次郎たるゆえんなのだ。

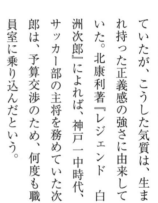

次郎の言葉

91

決意こそが人を生かす

日本へ帰りたい、
子どもの顔が見たい、
それだけで
生きて来たんだもの。
強いんだよ、
決心ていうものは。

1950年に河上徹太郎、今日出海との座談会で語った言葉

友人の経験に
示した深い共感
次郎の背中を
押した友の〝決心〟
敗戦時、日本の軍人・民間人計660万人以上が海外にいた。残留日本人の数や実態については現在も不明である。

次郎と神戸一中で同窓だった文学者の今日出海は、昭和16年（1941）に陸軍の報道班員に徴用され、太平洋戦争初期のマニラに滞在。昭和19年（1944）12月に再徴用されるが、マニラ到着から8日後に米軍が上陸。8カ月にわたる逃避行に耐え、日本に帰りつく。そして、この経験を『山中放浪』として作品化した。

この作品を読んだ次郎は、今が生きて戻れたのは「決心」があったからだと語り、深い共感を示している。次郎には従軍経験はないが、こうした友の「決心」を背負い、GHQとの折衝に命を賭して臨んだのであろう。

次郎の言葉

92

問題を直視せよ

臭い物は蓋をしないで、いつか始末しなきゃならないんだから、外へ出したらいいんだ。

1950年に河上徹太郎、今日出海との座談会で語った言葉

戦後はまだ終わっていない独立後の日本を見据えていた次郎

昭和26年（1951）9月8日、吉田茂全権委員がサンフランシスコ講和条約に調印。日本はようやく独立回復をはたした。吉田はこの時の心境を、「日本人全体として、この6年間によくも刻苦、耐乏、廃墟よりより立ち上がって国家の再建と復興に精進」したとして、「調印終わって感無量」と語っている（『回想十年』）。

吉田と二人三脚で講和に邁進してきた次郎も、熱い涙を流した。ただ一方で、胸中には暗澹《あんたん》たる気持ちもあった。米軍基地撤廃、信託統治される奄美・沖縄・小笠原諸島などの返還がはたされていない。それが、本当の独立と言えるのか。だからこそ、帰国してすぐこう綴った。

「本当の信頼感を持たせるのは、これからの日本の努力にかかっている。サンフランシスコでの歓迎に、酔ってしまってはいけないと思う」（『講和会議に随行して』）。

しかし、次郎の懸念とは裏腹に、日本は米軍基地問題や沖縄返還を棚上げしたまま、急速な経済発展を遂げていく。そして昭和31年（1956）の経済白書で、「もはや戦後ではない」と謳われるようになる。次郎は、こうした世論に異を唱え続けた。誰かの犠牲のもとに築かれた繁栄など、次郎には受け入れられなかったのだ。

次郎の言葉
93

政財官界の癒着を斬る

何かにしがみつかなければ、生きていけない根性なら、神頼みでもして、鰯の頭でも信心していた方が他人さまの御迷惑にならんだけでもましだろう。

「文藝春秋」1954年12月号に寄せたエッセイより

〝乞食根性〟はもうたくさん 政財官界は独立独歩の気概を！

敗戦直後、人々は買い出しで口に糊する〝たけのこ生活〟を送った。次郎は、こうした日々を忘れ、利権を貪る為政者を批判した。

昭和29年（1954）1月、戦後日本の計画造船にからむ大規模な贈収賄事件〝造船疑獄〟の強制捜査が開始される。政財官界から多数の逮捕者を出し、以降、世間では〝金権政治〟〝政財界の癒着〟が盛んに取り沙汰されるようになった。この一連の騒動を、次郎はこう評している。

「やれ補助金だ、やれ割当だと、こまっているとすぐ政府になんとかしてくれと泣きつく乞食根性は、もうやめてもらいたいものだ」。

日本が独立を回復してから3年。為政者がこんなさまでは、まだまだ本当の独立は訪れそうにない——次郎はそう考えたのだろう。

次郎の言葉
94

議論よりも行動せよ

日本人は盛んに、現実を凝視せよ、なんて言うけどね、事実を事実と認めて黙って見てるじゃやいけないんだ。

1950年に河上徹太郎、今日出海との座談会で語った言葉

政治家嫌いの次郎が敬愛した硬骨漢・石橋湛山

次郎は〝政界嫌い〟だったが、吉田茂だけは例外だった。次郎が戦後処理にあたる決意をしたのは、吉田の人間性に信を置いていたからだ。そして、政界にはもうひとり、次郎が惜しみない称賛を送った人物がいる。〝ジャーナリスト宰相〟と呼ばれた石橋湛山だ。湛山は、戦前から硬派なリベラリストとして鳴らし、ジャーナリストとして民主主義を主導した。戦後、政界に転進すると、第1次吉田内閣の蔵相に就任。GHQの圧力に臆することなく、日本が負担していた国家予算の3分の1におよぶ進駐軍経費の削減を要求。GHQの乱脈ぶりを国会で明らかにし、日本の負担額2割削減を達成した。その結果、GHQに嫌われ、昭和22年（1947）に公職追放される。しかし、硬骨漢の湛山は「まさか殺すとはいわんじゃろう」と澄ましていたという。

吉田と湛山、そして次郎に共通するのは、高い見識で日本の行く末を見通し、それを実現するために一命を賭して仕事に望んだことだ。現実を見つめ、言葉で批判することも必要だ。ただ、いくら議論を繰り返しても、現実はなにも変わらない。次郎が好んだのは、吉田や湛山のように、ままならない現実を変えるために、行動し続けた者たちであった。

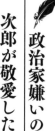

次郎の言葉

95

ケンカでは機先を制す

喧嘩は機先がすべてだ。

娘・桂子をからかった若者たちを取り押さえた際の言葉

次郎は死ぬまで老眼にならなかった。「目がいいんですね」と言われると、「目だけでなく頭もいいんだ」と返したそう。㊢読売新聞／アフロ

機先を制すものは交渉を制す!?
天性の喧嘩上手だった次郎

次郎が、愛娘・桂子が運転する車の助手席に座っていた時のこと。夕方、道路に停車すると、たまたま横に停まった車の若者たちが、懐中電灯で桂子を照らしてからかった。すると次郎はあっという間に車から飛び出し、若者たちの車のドアを開け、襟首をひっつかんで引きずり出した。そして、すぐに詫びさせたそうだ。威風堂々とした次郎を前に、若者たちはうなだれるばかりだった。

GHQとの折衝でも、巧みな交渉術を駆使して鼻を明かした次郎。その秘訣は、この時と同じく、交渉の機先を制すことにあった。まさに、天性の喧嘩上手であった。

次郎の言葉
96

戦後復興の原動力

「希望と信念と勤労、この三拍子が揃うことが大事です」

東北電力会長に就任した際、社誌に寄稿した挨拶文の一節

生きる原動力
次郎の人柄が偲ばれる激励の言葉

権力者に対しては容赦がなかった次郎は、一方で目下の者に対しては無類にやさしい男だった。一見すると気難しく感じられても、腹の底にはあたたかみがある。これは生来の気質でもあったのだろうが、それに加えて〝カントリー・ジェントルマン〟として生きるなかで培われたものも大きかった。

次郎の農業はたんなる道楽ではない。朝早くに起きて野良着姿で畑に出ると、額に汗して土を耕した。当時は珍しかった耕運機や脱穀機、草刈機などを次々に買い入れ、「おいしい」と評判の野菜の品種を熱心に調べては取り寄せた。夕暮れ時になると、ベランダに椅子を出して好きな酒を飲み、疲れた体を癒す。そして、なによりも家族とすごす時間を大切にした。

次郎は、まっとうに生きる庶民の暮らしを体で知っていた。東北電力の会長時代は、自分で車を駆って地方のダム建設現場を回り、社員を鼓舞した。社員宅にはチョコレートやキャンディを配り、夜は現場の労働者と酒を酌み交わす。苦労話を聞かされると、感激して涙を流した。そんな次郎の熱意に応えた労働者たちは、電力確保のために、危険なダム工事に敢然と立ち向かった。戦後復興は、こうした名もなき人々の努力によって成し遂げられたのである。

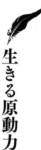

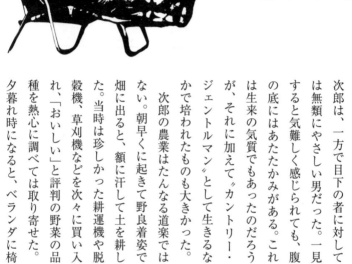

次郎の言葉
97

負けを認め力をつける

弱い奴が強い奴に抑えつけられるのは世の常で致し方なしとあきらめもするが、言うことだけは正しいことを堂々と言って欲しい。

「文藝春秋」1952年10月号に寄せたエッセイより

独立しても強権を発動する戦勝国「今に見ていろという気魄を！」

次郎は常に弱い立場の者、権力に立ち向かう者の味方だった。この頃に隆盛した学生運動にも同情的だったという。

昭和27年（1952）6月、神戸港に入港中の英海軍艦艇の水兵が、タクシー強盗を働く事件が発生。日本独立後初の外国軍人に対する裁判で、英国側は「日本に裁判権はない」と主張。日本側は日本の法律で裁くことを主張したが、英国は被告の引渡しを要求するなどして、外交問題に発展した。

これに対して次郎は「強者が弱者を押さえつけるのが常としても、正しいことを言ってほしい」としたうえで、こう語った。

「くやしさを忘れぬがよい。力が足らんからなのだ。力をつくって今に見ていろという気魄を皆で持とうではないか」。

次郎の言葉
98

夫婦円満のヒケツ

一緒にいないことだよ。

晩年、〝夫婦円満の秘訣はなにか〟と尋ねられて

〝放し飼い〟状態だった白洲家

2人が暮らした現在の武相荘。互いを信頼しあい、帰る場所さえあれば、夫婦は円満でいられる。

娘婿の牧山圭男氏によれば、白洲家は一定のプリンシプルとコモンセンス（良識）を共有した大きな檻の中で、お互いを放し飼いにしていた、という印象だったという。次郎は〝カントリー・ジェントルマン〟として生きる傍らで、さまざまな会社の顧問や役員を務めていたが、仕事をするのはもっぱら赤坂の事務所。一方、正子はというと、美術評論やエッセイ執筆のための取材で各地を忙しく飛び回っていた。

一定の価値観を共有したうえで、過干渉を避け、互いを独立した人間として尊重する。それが、白洲家の夫婦円満の秘訣だったようだ。

次郎の言葉
99

次郎の宗教観

死んだらクサルということだ。

「あなたのモットーは?」という質問に対する回答

人間は死んだら腐るだけだ！徹底したリアリストだった次郎

次郎の祖父・退蔵は三田藩主・九鬼家に仕えた。産業振興で藩の財政再建をはたした先取的な人物で、いち早くクリスチャンになった。聖書の所持が幕府に露見して一大事になった際、福沢諭吉に助けられて事無きを得た、という伝説が残る。こうした流れの中で、次郎も少年時代は教会に通った。ただ、次郎の死生観は、キリスト教のそれとはまったく異なっている。

キリスト教では基本的に、善人が死ぬと天国で永遠の命を得ることができるとされている。一方、罪人は死後も永遠に苦しむことになる。つまり、現世で善行や苦労を重ねた人ほど、死後の世界で救済が約束される。こうした発想が信仰を支えているのだ。それゆえ、葬儀の際は遺体を火葬せず、土に埋めるのである。

次郎はこうした〝死後の救済〟を否定的に捉えていたのだろう。人間は肉であり、死んだら腐敗するだけ。死後の世界で救われても仕方がない。だからこそ、現世の不正は現世で糾すべく、やるべきことは全身全霊でやり抜かねばならない――。それが、次郎の考え方だった。神仏を頼らず、ありのままの現実を直視する。他人を頼まず、自分の力で現実を変えるべく努力する。次郎はある意味で、徹底したリアリストであった。

次郎の言葉
100

白洲次郎最後の言葉

葬式無用、戒名無用

次郎が生前、遺言書に書きつけた、ただひとつの遺言

一陣の風のように去った次郎

正子が彫刻家に要請して作った墓石。次郎の墓には不動明王、正子の墓には十一面観音をあらわす梵字が彫られている。

次郎は昭和60年（1985）に83歳で亡くなった。遺言はたった2行、「葬式無用、戒名無用」だけである。遺言にしたがって、葬儀は行なわれなかった。その代わり、次郎と本当に親しかった友人や知人が集い、酒盛りをして送ったという。宴は賑やかで、生前の次郎に相応しいものだった。

次郎がこうした遺言書を書いた理由は、画家・梅原龍三郎氏が遺言として書き残した「生者は死者のために煩わされるべからず」という書に感銘を受けたことが影響していた。死してなお、他人のことを考える。いかにも次郎らしい最後の言葉だった。

従順ならざる唯一の日本人 白洲次郎 サムライ紳士の生涯

西暦（年号）	年齢	経歴	おもな出来事
1902（明治35年）	0歳	2月17日、兵庫県武庫郡精道村（現・芦屋市）にて、父・白洲文平、母・芳子の次男として生誕。白洲家は元禄時代より、三田藩九鬼氏に儒者役として歴代仕えていた。維新後、祖父・退蔵は福沢諭吉とも親交が深く、三田県参事、正金銀行副頭取、岐阜県大書記官を歴任した。父・文平はハーバード大学を卒業、綿貿易商「白洲商店」を興して巨万の富を築いた。	第次回日英同盟成立。
1910（明治43年）	8歳	1月7日、東京市麹町区（現・千代田区）永田町にて、父・樺山愛輔、母・常子の次女として、のちの次郎の伴侶となる正子が生まれる。父・愛輔は実業家であり貴族院議員。父方の祖父・資紀は薩摩藩出身の伯爵で、海軍軍人であり政治家。西南戦争では涙を呑んで西郷軍と戦った。	日韓併合（韓国併合に関する日韓条約）。
1916（大正5年）	14歳	兵庫県立第一神戸中学校に入学。野球部とサッカー武に所属し、手のつけられない乱暴者として知られる。当時、白洲家にはすぐに謝罪できるように菓子折りが常に用意されていたという。中学生にして、ペイジ・グレンブルックを乗り回す。	第2次大隈内閣総辞職。
1921（大正10年）	19歳	イギリスに渡り、留学に備える。	原敬首相、東京駅頭で暗殺される。海軍軍縮のためのワシントン会議開催（英米仏伊日）。
1923（大正12年）	21歳	ケンブリッジ大学クレア・カレッジに入学する。中世史を専攻し、将来は学者を目指す。ベントレーとブガッティを購入し、カーレースに熱中する。終生の友となる、のちの七世ストラッフォード伯爵ロバート・セシル・ビング（愛称はロビン）と出会う。	関東大震災突発。京浜地区に戒厳令が敷かれる。朝鮮人暴動デマなど流れ、虐殺事件起こる。
1925（大正14年）	23歳	大学の冬休み中に、親友のロバート・セシル・ビングと共にベントレーでジブラルタルを目指すヨーロッパ大陸縦断の旅に出る。	治安維持法公布。普選法公布。

1926（大正15年・昭和元年）	24歳	ケンブリッジ大学クレア・カレッジを卒業する。大学院を目指していた。	朝鮮において大規模な反日デモ（万歳デモ）。中国において蒋介石の北伐開始。
1928（昭和3年）	26歳	金融恐慌の煽りをうけ、父・白洲文平の白洲商店が倒産する。大学院に進んでいた次郎は、帰国を余儀なくされる。正子も女性にとって最難関大学であるヴァッサー・カレッジに合格しながらも、進学をあきらめて帰国する。次郎は英字新聞社、ジャパン・アドバイザーで記者として働くなか、のちの妻である樺山正子（18歳）と出会う。	関東軍河本大作大佐による張作霖爆殺事件（満州某重大事件）。全国に特別高等警察（いわゆる「特高」）設置。
1929（昭和4年）	27歳	11月、正子と結婚。父・文平から結婚祝いにもらったランチア・ラムダで新婚旅行へと旅立つ。	ニューヨークで株価大暴落。「世界恐慌」の発端となる。大蔵省、金解禁を断行（井上準之助蔵相）。
1931（昭和6年）	29歳	赤坂氷川町の家にて長男・春正が誕生。セール・フレーザー商会の取締役に就任する。	満州事変突発。柳条湖の満鉄線路爆破に端を発し、南満諸都市を攻略。
1935（昭和10年）	33歳	10月23日、父・文平死去。軽井沢の別荘の隣に住んでいた河上徹太郎と知遇を得る。	美濃部達吉貴族院議員の「天皇機関説」が問題化する。国体明徴運動活発化。
1937（昭和12年）	35歳	日本食糧工業（のちの日本水産株式会社）の取締役に就任する。鯨油の輸出に携わり、以後、毎年、イギリスに赴くことになる。イギリス大使であった吉田茂と親交を深め、日本大使館の2階が定宿となる。近衛文麿の政策ブレーンも務めた。	第二次上海事変。日独伊三国防共協定締結。大本営設置。
1940年（昭和15年）	38歳	戦前から日米の開戦を予言。1939年に外務省を辞めていた吉田茂の「ヨハンセングループ」で活動をはじめる。同時に、戦中の食糧不足を予見して、東京郊外で農家を探す。	第二次近衛内閣発足。日独伊三国同盟締結。
1942年（昭和17年）	40歳	鶴川村（現、東京都町田市能ヶ谷町1284）に、茅葺き農家を農地付きで購入。武蔵と相模の境に位置することから、無愛想とかけて「武相荘」と名付ける。	ミッドウェー海戦において日本海軍、航空戦力に甚大な打撃を受け、制海権を失う。

西暦（年号）	年齢	経歴	おもな出来事
1943（昭和18年）	41歳	5月、鶴川村へ転居する。「カントリー・ジェントルマン」として政治に目を光らせながら、終戦まで農業に勤しむ。	連合艦隊司令長官山本五十六、ブーゲンビル島上空で戦死。
1945（昭和20年）	43歳	東京大空襲で罹災した河上徹太郎を訪ね、家を失った河上夫妻を鶴川村へ迎え入れる。以後、2年間、夫妻は武相荘に寄寓。12月、吉田茂外相の要請で、終戦連絡中央事務局参与に就任する。	広島に原爆投下。ソ連、対日宣戦布告。日本無条件降伏。
1946（昭和21年）	44歳	2月13日、GHQが新憲法総司令部案（マッカーサー草案）を日本側に提出。15日、次郎はホイットニー准将宛てに「ジープウェイ・レター」をしたため、検討には時間がかかることを説く。憲法改正草案要綱の発表にいたるまでの交渉をすることになる。	極東国際軍事裁判開廷。日本国憲法公布。
1947（昭和22年）	45歳	6月28日、吉田茂内閣総辞職にともない、終戦連絡中央事務局次長を退任する。	新憲法施行。枢密院は憲法上の基礎を失い廃止。吉田茂内閣総辞職。
1948（昭和23年）	46歳	10月、第2次吉田内閣が成立。12月1日、マッカーサーの指名によって、貿易庁（翌年、通商産業省に統合）長官に就任する（在任は2カ月半）。	第二次吉田内閣成立。巣鴨プリズンにおいて東條らの死刑執行。
1950（昭和25年）	48歳	4月25日、吉田首相の特使として、池田勇人蔵相と共に渡米する。サンフランシスコ講和会議に向けての根回しを行なう。	マッカーサー、吉田首相に国家警察予備隊の設置などを書簡で指令。レッド・パージ始まる。このころより特需景気。
1951（昭和26年）	49歳	5月1日、東北電力会長に就任する。8月31日、主席全権委員顧問として講和会議に出席するために渡米。9月8日、サンフランシスコ講和条約調印に立ち会う。	サンフランシスコ対日講和条約、日米安全保障条約の両条約締結。

１９５２（昭和27年）	50歳	吉田首相特使として欧米を巡る。この時、ロンドンで親友のロビンと再会。11月19日、外務省顧問に就任。軽井沢ゴルフ倶楽部理事にも就任する。	講和条約・安保条約発効。ＧＨＱ廃止。第四次吉田内閣成立。
１９５３（昭和28年）	51歳	8月8日、母・芳子死去。10月、正子の父・愛輔没。	第五次吉田内閣成立。奄美群島、日本復帰。
１９５４（昭和29年）	52歳	6月19日、只見川ダムのうち、上田発電所の水式が行なわれる。	第五福竜丸、ビキニ環礁でアメリカの水爆実験に被爆。
１９５９（昭和34年）	57歳	東北電力会長を退任する。以後、荒川水力発電会長、大沢商会会長などを歴任、大洋漁業、日本テレビの社外役員、Ｓ・Ｇ・ウォーバーグ顧問なども務めるが、政財界の第一線からは退いた。	伊勢湾台風、明治以後最大の台風被害をもたらす。死者５０４１人、被害家屋57万戸。
１９７６（昭和51年）	74歳	軽井沢ゴルフ倶楽部常任理事に就任する。マナーに厳しく、「プレイ・ファースト」を徹底させた。	東京地検、ロッキード事件で田中角栄前首相逮捕。
１９８０（昭和55年）	78歳	親友ロバート・セシル・ビングとロンドンで最後の時を過ごす。	イラン・イラク戦争勃発。ジョン・レノン銃殺事件。
１９８２（昭和57年）	80歳	軽井沢ゴルフ倶楽部の常任理事制廃止にともない、理事長に就任する。ポルシェ９１１だけでなく、ベンツ、パブリカのピックという小型トラック、スバル４ＷＤなどを80歳まで乗りこなしていた。	日本航空３５０便墜落事故、24人死亡。
１９８５（昭和60年）	83歳	2人で旅することのなかった白洲夫妻が軽井沢に赴く。続いて伊賀・京都と旅行。帰宅して2日後の26日夕方、身体に変調を感じて入院。11月28日、死去。	元首相・田中角栄が脳梗塞で倒れ入院。男女雇用機会均等法が成立。日本航空１２３便が高天原山（御巣鷹の尾根）に墜落、５２０名の死者を出す。

※注：年表は「旧白洲邸 武相荘」ホームページを参考に作成させていただきました。

【参考文献】
「プリンシプルのない日本」著 白洲次郎（新潮文庫）
「白洲次郎 占領を背負った男」著 北康利（講談社）
「風の男 白洲次郎」著 青柳 恵介（新潮文庫）
「白洲次郎に学ぶビジネスの教科書」著 青木高夫（講談社）
「白洲次郎の流儀」（新潮社）
「次郎と正子―娘が語る素顔の白洲家」著 牧山桂子（新潮文庫）
「レジェンド　伝説の男 白洲次郎」著 北康利（朝日文庫）
「白洲家の日々：娘婿が見た次郎と正子」著 牧山圭男（新潮文庫）
「白洲次郎の日本国憲法」著 鶴見紘（光文社）
「白洲正子自伝」著 白洲正子（新潮文庫）
「白洲次郎・正子 珠玉の言葉」著 北康利（講談社）
「白洲次郎 日本を復興させた男」著 須藤孝光（新潮社）
「男の品格〈2〉白洲次郎名言集」著 清水將大（コスミック出版）
「白洲次郎 男の語録―プリンシプルに生きよ」著 清水將大（シーエイチシー）
「白洲次郎のダンディズム―なぜ男らしくありえたのか」著 馬場啓一（ぶんか社）
「白洲次郎という生き方」（別冊宝島）

白洲次郎
100の箴言《しんげん》

2015年12月13日　初版発行
発行人 笠倉伸夫
編集人 海藤哲
発行所 株式会社笠倉出版社
〒110-8625　東京都台東区東上野2-8-7 笠倉ビル
TEL 0120-984-164（代）

編集　伊勢出版
執筆　後河大貴
カバー&本文デザイン　若狭陽一
写真　アフロ、アマナイメージズ
印刷・製本　株式会社 三共グラフィック

ISBN 978-4-7730-8807-6